KUKAI KOBO DAISHI

人間弘法大師空海

素顔の空海はどう生きたのか

高野山真言宗伝燈大阿闍梨
池口豪泉
GOSEN IKEGUCHI

KKロングセラーズ

まえがき

空海とはどういう人物なのだろう。

これは、〝弘法大師《こうぼうだいし》〟と呼ばれる偉人、万能の天才としての空海のことではない。

今、目の前にいたとしたらどういう風に見える人なのだろうという人間像であり、また、偉人、天才と呼ばれる以前の、生身の人間の生涯、つまり私たちと同じように悩み、苦しみ、足掻《あが》いて生きている、ひとりの人間として空海を捉えるという試みである。

空海が高野山を開創して一二〇〇年の時を経た現在、密教関連の本、弘法大師空海関連の本は数多く世に出ている。

真言行者である私の場合、密教とは何か、もし可能ならば空海に直接、その教えについて伺いたいと思うが、それが無理なら、空海という人間を通じて、あるいは、その行動から密教という教えを感じてみたいと考えた。これまで語られてきている空海は、難解な密教という教えを体得し、それを伝えた聖人君子として、あるいは万能の天才として語られており、むしろ私にとっては、密教がより遠いものになるばかりであった。

そこで、空海はどうやって密教に辿り着いたのか。単なる偶然であったのか。それとも何か求めていて、その先にあったのが密教だったのか。そして、その教えを使ってどうしたかったのかといった、密教に辿り着くまでの空海、そして密教とともに駆け上がっていった空海について、自分なりに考えてみることにした。

それに際して、空海の業績にばかり目を向けるのでなく、努めて、人との交流を通じた感情の機微から考えてみることによって、人間空海を感じられるよう試みた。

そうして見えて来たのは、決して超然とした、私達と全く違う人種ではなく、生涯を通じて怒り、悲しみ、人生に四苦八苦しながら前へ進もうとする素顔の空海だった。

池口豪泉

目次

一章　親不孝だった空海

二章　書にみる完璧主義の空海

三章　ルールに縛られない自由人

四章　いつか見ていろ

五章　革新家空海

六章　リアリスト

七章　求法入唐の見直し

八章　釈迦の修行と密教修行

九章　空海の修行とそれを巡る先人たち

写真提供／協力
瀬戸口晴子
猪俣邦光
松村和香

1

親不孝だった空海

親不孝者空海

空海は親不孝だった。

そう言うと驚く人も多いかもしれない。その成長過程を見てみよう。

空海は確かに、持って生まれた才能の面から見ると、その生誕からして聖人降誕を思わせる逸話が残され、長じての才気煥発《さいきかんぱつ》ぶりもよく知られる、才長けた人ではあったが……。

しかし、その行動の面から見ると、親の期待はどこ吹く風と自分の思うように勝手気ままにその進む道を決めていっており、情緒面、特に家族間の情愛はどうであったのだろうと気になって来る。

父母ともにそれなりの格式ある家の出である。真魚（まお）という幼名の頃は周りから神童と呼ばれており、家族、一族を背負う者として、親としてもその将来に少なからず期待もしていたであろう。

大学に進み、それを終えれば、官吏の道もそれなりに開け、波風立てず、一生を終えることも出来たであろうが、空海はそれを良しとしなかった。
自分の行く道を勝手に決め、大学を中退して当てない暮らしを始めたり、危険伴う遣唐使で渡唐したり、国の決まりことを破ったりと、親に心配をかけ続けた空海はまた、幼少期だけでなく、成人してからも親の脛《すね》をかじり続けている。

ところが、親からの情愛を受け続ける反面、空海からの孝行、例えば一五歳で親元を離れてから親に会いにいった形跡が見当たらないのである。これは、唐から日本に帰って来てからは、四国讃岐《さぬき》の親元に帰る暇は無いほど多忙を極めていたためかもしれないが、親に書き送ったと言う手紙の一通すら残っていないのだ。

当時の律令国家日本で、官僚をはじめとしてその行動規範として必須であった儒教とは「孝」を強調した教えである。孝心が見られぬ空海の新しい教えが、どうして国家でも受容されて行ったのだろう。

空海が唐で学び、授かって日本に持ち帰ったものは、密教とそれに関わる仏画、仏具などや、五明《ごみょう》という実学に関する物など色々あるが、その中には〝四恩《しおん》〟という思想もあった。これの第一に挙げられているのが〝父母の恩〟。

日本に帰ってからも仏さまに拝む時の願文などにも、たびたび四恩に報いんがためであることを強調しており、それは真言密教にとってひとつの大きな柱ともいえるものだ。それにも関わらず、自身の親に対して孝行している様子が見られず、むしろ逆に心配ばかり懸けている。

空海とは、実は口先だけの詐術師であったのか。

貴物《とおともの》と呼ばれた幼少期

空海が生まれたのは、今から一二〇〇年以上前、現在の奈良に平城京という都を置く奈良時代の七七四（宝亀五）年六月一五日。讃岐の国多度津郡屛風ケ浦《たどつぐんびょうぶがうら》（香川県善通寺市）がその生誕地であると言われている。

生まれた日、生まれた年については多少の説がある。

生まれた日に関して、密教をインドから中国に伝えた不空三蔵（ふくうさんぞう）と言う高僧が入滅された日であることから、その生まれ変わりであるとして六月一五日が誕生した日として伝えられている。この日は、真言密教のお寺では「降誕会《ごうたんえ》」「青葉祭り」というお祭りをして、空海の誕生を祝っている。

誕生年に関しても七七四年説の他に、七七三（宝亀四）年説がある。これも誕生日同様、不空阿闍梨（ふくうあじゃり）の入寂《にゅうじゃく》が七七四（中国大歴九）年なので、七七四（宝亀五）年としておく。

さて、多才な人として知る人ぞ知る空海だが、実は生まれる前から、両親、親族にとって、希望の星であったらしい。『高野大師御広伝』によると、

空海の両親は、ある日の夢にインドからの聖人が飛んで来て、懐に入ってきたのを見た。すると懐妊しており、一二カ月の長い妊娠期間を経て空海は生まれ来た。

とある。両親の夢に出た天竺（インド）からの聖人が、身中に入って懐妊したというのは吉兆であり、同様に一二カ月の長きに渡る懐妊の後に生まれるというのも、聖人が生まれるときの兆候のひとつと言われている。親としてもさぞや素晴らしい人間に成長してくれるだろうと、大きな期待を寄せたに違いない。

若き日の空海は、当時としては恵まれた方の家庭環境で勉学に励んでいる。父親は地元の国造（当時の地方を治める官職名で、今で言えば、市長、知事あたりだろうか）である佐伯直田公（さえきのあたいたぎみ）、母も阿刀氏（あとうじ）という名の知れた一族の出身で、共に良い家柄の出である。

長子が重用される時代にあって、少なくとも二人の兄がいたようだが、そんな中に在って空海は、幼時から神童の誉れ高く〝貴物《とおともの》〟と呼ばれ、大きな期待をもって育てられている様子がうかがえる。

また、捨身誓願《しゃしんせいがん》を立てたといった伝承も残されているのは、幼い時から普通の子供とは違う輝きを見せていたからに外ならない。

親としてそういう子供を大事に育てていたというのは、その後、更に長じた空海に、都での高い勉学の機会を与えたこと等からもうかがい知ることが出来るが、空海の方は親の心子知らずと言うか、まだ幼かったためなのか、記録に残る孝行は何一つ見せていない。

それどころか、捨身誓願を行ったということ自体、聖人の幼時からの偉大さを伝える伝承としてはありがたく、素晴らしいことかもしれないが、その時の親の立場に立ってみると、子供が山の頂から身を躍らせたというわけだから驚き、悲しむ出来事であったに違いない。

猛勉強の青年期

一五歳になった空海は、桓武天皇の皇子である伊予親王（いよしんのう）の侍講《じこう》（家庭教師）を務めた伯父の阿刀大足（あとのおおたり）の勧めもあり、学問のため上京し、その下で勉学に励む。

確かに、都にいる伯父阿刀大足の下であれば、父母の下、地元でいるよりも、さらに質の高い学問に触れることが出来たであろう。しかし、空海にしてみれば早く親元を離れたかったということもあったのではないか。その後の空海の行動を見ていても、親の庇護下にあって安穏と暮らすより、独立独歩で進んでいく道を選ぶ気質がしばしば感じられる。

『三教指帰《さんごうしいき》巻上』によると、

わたくし空海は、一八歳で遊学した大学では蛍雪の功でも足らぬほど刻苦勉励しました。

とある。一八歳になり、そのまま大学に進むが、その並外れた向学心は留まるところを知らないといった勢いだ。

小さいときから貴物と呼ばれ、神童の誉れ高かった空海だが、「十で神童　十五で才子　二十過ぎれば只の人」とならなかったのは、天賦《てんぷ》の才に加えて、努力の才も人並みはずれていたことによるのだが、これが空海を空海たらしめた、ひとつのゆえんなのだろう。

大学中退して仏道修行専念

しかし、敷かれたレールの上を走っていくことに疲れ、疑問を感じたのか、突然大学を辞めて、仏道修行に専念し出す。

次の文は先のものに続くものだが、読んでわかるようにそこに何の脈絡も無く、まさに突然、蛍雪の功での猛勉強から大きく方向転換し、大学を辞め、仏道修行に専念していっ

ているのだ。『三教指帰巻上《さんごうしいき》』によると、

ここに一人の僧侶がいて、わたくし空海に虚空蔵求聞持法《こくうぞうぐもんじほう》について書かれたものを見せてくれた。そこには「もし、決められたやり方に従って、虚空蔵菩薩の真言一〇〇万遍を誦すると、一切の教えの文とその意味を暗記することが出来る」と説いてあった。それで釈尊の誠なる言葉を信じて、木をこすりあわせて火をおこすように努力精進して、阿波の国（徳島県）の大滝嶽によじ登り、土佐（高知県）の室戸岬で修行に励んだ。わたくし空海の修行に、谷がこだまするように仏様が感応して下さって、虚空蔵菩薩の化身である明星がわたくしの中に飛び込んで来て姿を現された。

とある。仏道修行へ専念することになったのは、密教の秘法といわれる求聞持法修行が契機になったというのはあろうが、修行自体は、その時突然始めたわけでなく、それ以前から修行していたのだろう。

たまたま初めて山に入って、そこで一沙門《しゃもん》に出会って求聞持法を教えてもらった、ということは考え難い。また、それが山中ではなく、奈良の大寺あたりだったとしても、いきなり来た青年に求聞持法を伝えたとは思われない。

後に、入唐した際に恵果阿闍梨（けいかあじゃり）が新参者の空海に密教を授けてくれた時とは事情が全く違うのだ。

この山中に於ける仏道修行というのは、それより先に活躍していた役行者《えんのぎょうじゃ》に代表されるように、奈良時代から平安時代にかけても、自然の中に在って修行する者達が多くいたようで、空海もそうした人々に倣《なら》うかたちで修行に励んでいたのだろうと思われる。

さて、ここまでの空海の動きというのを親の立場で考えてみると、一五歳で手元を離れた我が子だが、それは、将来一族をも担う準備のためであり、可愛い子には旅をさせろといった心持ちで送り出し、その後は自分たちの知る神童よろしく勉学に励み、順調に大学に進んでくれたので、あと数年もすれば、官吏になり、親としても一安心だ、という所まで来ていた。それなのに、急に大学からドロップアウトしてしまい、一体我が子はどうしてしまったのだ、というのが正直な所だろう。

空海の方は、そんな親に対して何の悪びれた様子も見せていない。

この時期、空海は地元である讃岐を始めとする四国、奈良、さらには後に真言密教の聖地となる高野山のある和歌山県などの山々で修行に励んでいたことがうかがえるが、そういった状況も、親としては息子が大学を辞めただけでなく、きょうは何処の山の中にいるのか知れない、消息不明の放浪者になってしまったと、悲嘆にくれたのではないだろうか。

その間、儒教、道教、仏教という三つの教えを比較して論じ、仏教の勝れていることを説いた『三教指帰《さんごうしいき》』を二四歳の時に書いている。

これは空海の出家宣言の書で、家族親戚に宛てて書かれたものとされる。歴史から、そしてそれまでの環境から姿を消し、放浪していても、家族とは完全な没交渉というわけではなかったようだ。

もっとも、この辺りの事情を空海自身の立場になって愚推してみると、大学を辞める前もこのまま進んでいいのか、自分の進むべき道は何処にあるのかと煩悶しながら、ある種、勉学に我を忘れるほど打ち込むことで迷いを打ち消さんとしていたのであろう。片時も無駄に出来ないという必死な状況下では、親に対する思いも、あったにしても後回しであったか。

そんな日々の中、出会った求聞持法という密教の秘法。その行の中で経験した神秘体験というのは、自分の思いを満たしてくれ、進むべき道を照らす一筋の光を見つけることが出来た喜びで小躍りしたくなるほどであっただろう。

やっと見つけた、一筋の光を噛みしめながら、それを頼りに、さらに修行に励む。また、自分の見つけたその光の源を探ろうという意味もあったのであろう、この時期、山から下りては先の奈良の都の寺などに赴いて、経典などをまたむさぼり読んでいる。

空海の一念発起

しかし、自分の見つけた光について記した経典が見つからない。そんな折、夢告によって出会うことが出来た『大日経《だいにちきょう》（大毘盧遮那成仏神変加持経《だいびるしゃなじょうぶつじんぺんかじきょう》：真言密教の根本となるふたつの経典のうちのひとつ）』。確かにこれは自分が求聞持法で体感したものにつながる経典だと確信した。しかし、その記す所には理解を超えた所もあり、未だに全体像が見えてこない。そこで空海はこの経典が伝わってきた唐の国に行くことを決意。遣唐使にならんとする。『性霊集《しょうりょうしゅう》巻第七』によると、

釈尊の弟子であるわたくし空海は、心内の仏性がわたくしに勧めるように、

覚りを得て、その本源に還りたいと願っている。真実の覚りに至るのにどの道を進めば良いか、その岐路に立っては、迷って幾たびも泣いた。わたくしのその心に諸仏が応じて下さり、久米寺の塔の下に秘密の法門である『大日経』を得ることが出来た。しかし、その文に対してみるとその内容を充分理解することが出来ず、それを知る者もなく、逆に心が昏くなるばかりだった。そこでその請来元である唐に行き、その経についてよく知る人を訪ねたいと願った。そのわたくしの思いに仏様の心を宿した桓武天皇が応えて下さって唐に行くことが出来たのだ。

とある。さて、この遣唐使になるに当っても、親の脛をかじっている。

まず、遣唐使の費用。国の代表ということもあり、渡航に関してはいざ知らず、唐に入ってからは、それぞれ入唐の目的が違うこともあり二〇年の滞在費は各自での用意と思われる。仏道修行だけしていた空海にそんなお金があるとは思えず、お金の調達先としていくつか考えた中で、まず故郷讃岐の親元に帰ったと思われる。

この時の帰郷は両親、そして親族にお金の援助を頼むのが第一の目的だが、それと同時に遣唐使に選ばれるように働きかけてもらう意図もあってのことだ。

遣唐使となるのも、手を挙げて費用さえ用意出来れば誰でもその一員となれるわけでは無かっただろう。前回の派遣七七九（宝亀一〇）年から四半世紀が経っており、平安時代になってからはこの時が初めての派遣である。希望者も少なくはなかったはずだ。

特に空海が加わった、その遣唐使は前年一度、出港しているが暴風雨のため引き返しており、仕切り直しの出立であり、はじめの時に空海の名は無い。必要と思ったところには尽力を惜しまない空海のこと、縁故でもなんでも使えるものは使って、何としてもこの千載一遇のチャンスを生かして、遣唐使として唐に渡ろうと思ったはずだ。

良い縁故を持っていそうな人物として、若き日に教えてもらった伯父の阿刀大足は、伊予親王の侍講もしており、皇室との縁も浅からぬものがあるはずだと、まず一番に思いついたのではないだろうか。

またこの縁故は遣唐使の資格である、官僧となるためにも使ったかもしれない。

しかし、仏道修行に専念するために大学を辞めて、一〇年程も勝手にやって来ていて、お金が必要だからといって親のところに戻ってお金の無心をすることに空海は抵抗がなかったのだろうか。全くなかったと思う。空海には信念があったから。とは言え、そこに孝心などは微塵も感じられない。

最大限譲歩して、これを良いように解釈してみると、遣唐使になり、無事帰朝した者は押しなべて国で栄達の道を進んでおり、その一族もその恩恵にあずかることになっていたようなので、その遣唐使としての自分に一枚噛ませておこうという思いがあったのではないかとするのは邪推だろうか。

さて、この辺の事情を親の立場で考えてみると、大学を辞めて、三〇歳になろうかという年まで放浪して、この先一体どうなってしまうんだと案じていた息子が、遣唐使になりたいと言ってきた。

遣唐使といえば、国の代表。脛をかじりに来られて困ったという思いもあったが、やっと一念発起してくれたかと、喜びと安堵の思いのほうが強く、出来る限りのことをしてやろうと思ったに違いない。

なんとか空海は遣唐使の一員になることが出来て、親もほっと一安心で遣唐使となった息子を送り出す。

唐に向かって遣唐使船が出港する港には、出立後も無事に航海して唐まで辿り着けるように、そして唐に行っても無事で過ごして帰って来てくれるように祈る日々を送ることになる両親と、ただただ、これから向かう唐での日々を期待に胸膨らませて思う船上の空海がいた。

罪に問われることを覚悟の上で

遣唐使船が出立してから、空海の身を案じて日々を過ごす両親だったが、二年程たったある日、二〇年のはずの留学期間満了を待たずに空海が日本に帰って来たと言う知らせが届く。無事に帰って来てくれたことを安堵するも、国の代表でありながら、留学生《るがくしょう》（一種の留学生《りゅうがくせい》）として決められた年限を破って帰って来たので、今度はどんな罪に問われるのかと、親として案じる日々がまたしばらく続く。

もちろん、空海自身も何らかの罪に問われることは覚悟の上での早期帰国であったろう。遣唐使としての報告書でもある、『御請来目録《ごしょうらいもくろく》』にその時の思いが綴られている。『御請来目録』によると、

わたくし空海は、遣唐使として唐に滞在しないといけない二〇年の期間を欠いて二年で帰って来てしまっており、その罪は死罪でも足りない位ですが、その反面、生きてこの密教という得難い教えを日本に請来できたことについては、心中、歓喜にたえないものがあります。

とある。

その後、遣唐使の期間短縮の件で、何かお咎めがあるのではないかと案ずる両親の心配をよそに、今度は故郷の地に寺を建てたいから、なんとかしてくれとまた頼みに来た。この時も両親は土地を用立てたりして、この寺は無事に建てられている。

それにしても、息子の空海が、一〇代後半で急に大学をドロップアウトしてから、一〇年ほど放浪していたかと思ったら、遣唐使になるからとお金の工面などを頼みに来て、その航海、留学の安全を案じていると、早々に唐から帰って来てしまう。

その違約の罪を案じさせられたかと思ったら、今度はまた寺を建てる協力をしてくれ、と次から次へと言って来る息子空海に両親は振り回され続けている。

さすがにここまでくると、傍で見る方としてはそこに滑稽ささえ感じてしまう。

金遣いの荒い性分

ところで、空海は金銭感覚も乏しかったのだろうか。一五歳で伯父の阿刀大足の下にいく際、大学で学ぶ際などにもお金は必要だったろうし、三〇歳を過ぎてからの遣唐使の資金、寺建立の資金、と親の脛をかじるだけかじっているように思われる。

遣唐使の資金として用意したはずの、留学生としての二〇年分の滞在費は、二年程経って帰る時にはすっからかんにしてしまっている。

ただ、この時の事情を推察すると、唐においては、日々の生活費としての出費もあるだろうが、それより遥かに大きいと思われるのが、知識、情報を得るためのものであったろう。書も先生について教えてもらっているし、般若三蔵らにもインド哲学等を学んでいる。そういった場合は謝礼もしたであろうし、またそこに至る情報を集めるのにも金銭が必要な場合もあっただろう。

空海は「時」と「情報」にお金を惜しまなかったのだ。それもあって二年という短期間で、密教、書、五明などあらゆるものを、普通の人が一生かかっても得られない程、手にすることが出来たのだ。

そんな中で、空海が最もお金をつぎ込まざるを得なかったのが、密教相承に関するものだと思われる。

法燈《ほうとう》を授けてくれた恵果阿闍梨《けいかあじゃり》に対する謝礼をはじめ、経典を持ち帰るにしても、人を頼んで書写してもらわないといけない。仏像仏画もこれまた新たに調製してもらう必要がある。修法、儀礼で使う仏具も必要だ。衣、袈裟といったものもある。

例えば曼荼羅ひとつ調製することを考えても、今と違い、そのすべてを手作業で描いていかないといけない。義明（ぎみょう）を始めとする、空海以外の、唐に残る弟子達のために、それまであったものは必要なので、空海が日本に持って帰るものは基本的にすべて新たに調製しなければいけなかったはずだ。

しかし、これだけのものを揃えるとなると、はっきり言って空海一人が二〇年唐に滞在するための資金では全く足りなかったはずだ。

今ではその請来品のひとつひとつが国の宝であり、当時の日本にとっても、いずれもそれまで見たことの無い逸品ばかりである。二〇年分とは言え、一人の生活費程度で足りるはずなど無い。

出港までに残された僅かな時間を使って、少しでも多くのものを蒐集して日本に請来するために、帰国のために都長安を離れた後も移動先の長官に協力を求めており、その依頼した文を見ると、空海は手持ちの資金が底をついてしまい、経典や仏画などを揃えるために人を雇うことも出来ず、独力で孤軍奮闘する空海の様子を見ることが出来る。『性霊集巻第五』によると、

今、わたくし空海が、現に長安で写すことが出来た経典論疏などはおよそ三〇〇余り、それと胎蔵、金剛界の大曼荼羅といったものを力の限り、財力も惜しまず求めて来ました。ですがわたくしが微力なのに比べ、その教えを表すものは広大にあり、未だそのほんの一部を求めることが出来たに過ぎません。資財も底をついてしまい作業する人を雇うことも出来なくなってしまい、寝食の間を惜しんでわたくしの独力で書写にはげんでおります。

とある。

しかし、そんな事情もわからない親にしてみれば、お金はどうしてしまったのかと思っただろう。まさか、たった二年で二〇年分全部使ってしまったとは、我が子ながらその金遣いの荒さに驚いたに違いない。

四恩《しおん》という思想

さて、唐から帰って来た空海だが、持ち帰って来たのは〝密教〟という新しい教え。加えて五明など実学に関する物も日本に持ち帰って来ている。

そんな中、〝四恩〟という思想も請来している。これはどういったものなのか、ここで見ておきたい。

帰国後、空海の密教弘法の上で、様々な祈願をする際の願文にも度々この言葉が見られる。〝四恩〟とは真言密教のひとつの大きなキーファクターとなっている。四恩とは以下の四つの恩である。

一　父母の恩
二　衆生の恩
三　国王の恩
四　三宝の恩

〝四恩〟という、『心地観経《しんじかんぎょう》』に説かれるこの思想は、訳者の般若三蔵から直接相伝されたものだ。

まず、一つ目の父母の恩というのは、特に説明もいらないだろうが、自分にこの世での生を授けてくれて、育ててくれた父母に対する恩。

当時の教育では儒教が重要視されていたこともあり、父母に対する恩、親孝行はもちろん、真言密教の専売特許というものではない。

ただ、真言密教の場合、そこには、鎮護国家に欠かせない国王の恩があり、我と衆生と仏の三身平等《さんじんびょうどう》という基本概念が絡み合って含まれているから、父母の恩以外の三つも含めた四恩のひとつとして重視しているのだ。

二つ目の衆生の恩というのは、この世の中、それぞれが何かしらの役割を持ちながら、人と人、人と動植物などが、目に見える所、見えない所でお互いに支えあい、助け合いながらこの世を生きている、そのことに対する恩と思ってみればよいか。

例えば、日々口にする食べ物にしても、それを畑で育てる人、海や山から取ってくる人、それらをあらゆる場所に届ける人、調理する人、色々な人が関わってようやく口にすることが出来ている。そういった物心両面にわたり支えあっている周りの人々に対する恩ということ。

三つ目は国王の恩。私自身これはどう捉えればよいのか少し戸惑う所もある。国王というのは、今の日本で言ったら、天皇陛下にあたるのか、または実際に国の政を行っている総理大臣などがこれにあたるのだろうか？

ただ、少なくとも日々過ごす地、安住の地として、いまこの国土に住むことが出来ているということに対して、為政者の恩を感じずにはいられないだろう。古来の争いは一つにはその領土を巡ってのものであるのだから。

四つ目の三宝の恩というのは仏・法・僧の三宝に対する恩ということ。即身成仏という、究極の現世利益に導く真言密教に対する恩で、空海はこれを弘めることによって報恩とした。二つ目にあげた衆生の恩は、支えあう人々に対するものであったが、この三宝の恩の中には、人に対する物だけでなく、それ以外の有情無情（非情）すべての物に対する恩が含まれている。

この四恩というのは、元来、密教の教えというものではないが、空海の生来の気性と相まって、密教を体得するのに重要な要素だったと思われる。また、空海の思想を反映させた真言密教として確立していく上で、これをひとつの大きな柱として、自身だけでなく、真言密教の道を進まんとする者にとっても心に留めおくべきことであると教示している。

そのことが書かれているのは、八一三（弘仁四）年、空海四〇歳の時、真言密教の本旨を示すために書かれた『遺戒《ゆいかい》（弘仁の御遺誡）』だ。これは立教開宗の大宣言とも言われているが、それは密教教団の僧の根本的なあり方を弟子達に明示したものでもある。『弘仁の御遺誡（遺戒）』によると

密教の戒とは三昧耶戒《さんまやかい》である。……この戒の精神に則って、本尊の三摩地《さんまじ》

と三密瑜伽《さんみつゆが》し、速やかに迷いの執着《しゅうじゃく》から逃れて、覚りの無上正等菩提（覚りの境地）に至って、自利《じり》（自ら覚りを得ることによって、この迷いの世界から脱すること）と利他《りた》（他人のために利益となることをすること）の両方満ち足りるようにして、父母、衆生、国王、三宝の四恩に奉じなさい。

とある。四恩という形で空海に授けてくれたのは、般若三蔵という人だが、密教を授けてくれた恵果阿闍梨にもこれに近い報恩思想は読み取れる。弟子の空海に密教を日本に帰って弘めるように告げる場面で、その意義として報恩について述べている。『御請来目録』によると

（密教を日本に持ち帰り、天下に弘めて衆生の増福に努めよ）このことは、仏恩と師恩に報いることになるのだ。それは、国家のためには忠義を示すことになり、家では孝行したことになる。義明はこの唐で密教を弘め、伝えなさい。空海は東の日本に伝えなさい。二人とも努め励みなさい。

とある。ところが、帰朝してから密教の弘法に際し、空海はしきりに四恩を推奨しているのだが、自身の親に対する孝行は見られない。

例えば、両親に対しての手紙は一通も残されていないのだ。空海ほど著作の多い宗教開

祖も稀で、筆を持つことは苦にしている様子は無く、最澄や天皇との手紙のやり取りも数多く残されているのにだ。わざわざ会いにいくことが困難でも、手紙くらいは出していても良さそうなのだが。

四恩を度々強調しながら、その啓蒙を図る空海だが、その第一の父母の恩に関して、自身ではその恩に報いることもなかったのだろうか。

密教伝授に掛かる大金の工面

ところで、密教とそれに関わる諸々のものを授かるためにかかる莫大なお金、これを空海はどうやって捻出したのだろう。

もちろん、現在でも法を授かったり、仏具、仏画等を譲ってもらうとなったら、授かる方が授ける方に何らかの謝礼はする。しかし、必ずしもそういった場合だけではない。

この密教相承《そうじょう》にかかる費用を、空海がどうやって工面したかということについて、私は、授ける方の恵果阿闍梨が必要なお金の援助をしたのではないかと考えている。

その理由は二つあるが、まず、恵果阿闍梨の元々の性格としても、自分が受けたものを自分の下にためておくのではなく、必要とする人があれば与えてしまう。物やお金に対する執着がない人柄であったということがある。『性霊集巻第二』によると

恵果阿闍梨という人は、たとえ、金銭や絹を積んだ車が続いて、多くの信施として納められたり、田や果樹園の施入《せにゅう》が、百畝を並べる程に沢山あっても、それらを受け取りはするのだが、溜め込むようなことはしない。……貧しいものを済う時には金銭を使い、迷っているものを導くときは教えを使う。財産を溜め込まないことを心掛け、教え導くことを厭わない性質なのだ。

とある。今ひとつには密教の正統な付法者としての恵果阿闍梨の一面も見逃せない。

恵果阿闍梨には、自分が不空三蔵から授かった密教の法燈を次に伝えないといけないという強い使命感があったはずだが、「わたし恵果の命は尽きようとしているが、わたしが持つ教えを伝えるべき人がいない」という状況であったのが、空海が来てくれたお陰でその使命が果たせるという喜びもあったはずだ。その、空海を待ちわびた様子や、会えた時の喜びは『御請来目録』によると

わたしは先般からあなた空海がわたしのもとを尋ねて来ることを知って、今か今かと待ちわびていました。今こうしてまみえることが出来たのはとても、とても喜ばしいことだ。わたしの寿命は尽きようとしているのに、わたしの持つ教えを授けるのに相応しい人がいなかったのだ。あなたは速やかに用意を整えて法燈継承のための灌頂という儀式を受けなければならない。

とある。

その三年前八〇二（中国暦貞元十八）年、病で床に伏した恵果阿闍梨は七人の弟子に密教の法燈護持を託したと言う。

これが已むに已まれぬものであったというのは、先の言葉が表しているが、それが空海という東国からの異能の出現によって、その法燈の全てを託すことが出来る人材がようやく現れてくれたと歓喜に包まれたのだ。これで自分の使命が果たせるのだから、そこに私財を投じることに何の躊躇も無かったはずだ。

傍から見れば、空海はとんだ脛かじりだが、それはすべて密教を授かり、弘法の足場にするためだったと考えたら、そのお金は活きた使われ方をされたことになり、遣唐使の資金などを与えた親としても、密教相承にかかる費用を自ら負担した恵果阿闍梨としても本望であったろう。

空海も、お金を親や師僧に用立ててもらったからといって恥じる気持ちなど、微塵も無かったはずだ。

さらに、恵果阿闍梨同様にお金に拘泥しない空海の性格は、真言密教という教えを確立し、弘める上でも一役買っているように感じられる。

親不孝と出家者

親に対して孝行をしていない空海を見て来たが、その理由としてひとつ忘れてはならないことがある。それは空海が出家者《しゅっけしゃ》（世俗の生活、親子関係などを断ち切り、仏道修行する者）であるということだ。俗世の家を出ており、親子としての縁を切っているのだ。このことについて、その著作『三教指帰』の中で仏道修行者の仮名乞児《かめいこつじ》が、道教の虚亡隠士《きょぶいんし》から出生について尋ねられた件で、仮名乞児に語らせる形で、自らの心情を述べている。

『三教指帰巻下』によると

私は出家者であるから、一切衆生が生まれ来る世界や、死に行く世界の何処にも家は無いから、決まった住所はなく、親がいたりすることもないのだ。

とある。出家者である僧侶の孝心について、あるいは親子のつき合い方について、他人がとやかく言うのは全くもって理解に苦しむ所だと、空海も痛感する場面に幾度か遭遇しただろう。

父母への報恩

こうして俗世間的にみると親不孝と言われても仕方が無く、少なくとも孝行息子とは言い難い空海だが、実は大きな形で父母への報恩をしている。

空海が唐から帰って来てから故郷に寺を建てたということを先にみたが、それが現在、香川県にある善通寺《ぜんつうじ》というお寺である。四国八十八カ所霊場の七五番札所で、空海はこの地で生まれたと言われている。

この善通寺というお寺は空海の父、佐伯直田公から土地の寄進を受け、八〇七（大同二）年朧月《おぼろづき》（陰暦一二月）朔日《ついたち》に建立に着手、八一三（弘仁四）年六月一五日に落成したという。建設を始めた八〇七年は空海が唐より帰国した翌年にあたり、また、寺の形は、密教の師にあたる恵果阿闍梨が住居としていた長安の青龍寺を模して造られたと言われており、空海の意向が強く反映されていることがうかがわれる。

寺名である善通寺であるが、実はこれは父親の名前からつけられている。

父、佐伯直田公は諱を善通（よしみち）といい、そこから寺の名前を善通寺と号したというのだ。自分の生まれた土地に建てられたお寺の、落慶という完成披露を、自分の誕生日の六月一五日に行い、父親の名前を寺の名前とすることによって、この世に生を与えてくれた父親に対する謝意を顕そうとしたのだろう。

一方、母親に対しての報恩はどうであったか。

和歌山県高野山の麓に慈尊院《じそんいん》というお寺がある。八一六（弘仁七）年、高野山開創に際し、その表玄関として、高野山一山の庶務を司る政所《まんどころ》（寺務所）と呼ばれる施設を置き、高野山への宿、冬期の避寒修行の場等として伽藍《がらん》を創り、それが慈尊院となったと言われている。

その後、我が子、真魚《まお》（後の空海）に会いたい、その開いた高野山をひと目みたい、と四国讃岐より紀国《きのくに》（現在の和歌山県）の高野山の麓まで、空海の母親が訪ねて来たが、当時の高野山は女人禁制《にょにんきんせい》（女性に対し、社寺などへの立ち入りを禁ずるしきたり。その理由としては女性の血の忌みがあげられたりするが、高野山の場合、僧侶が修行に専念出来なくなるのを避けるためだと私は聞いている。なお、この禁制は一九〇四年明治三四年に解禁となっている）。母は山上の息子の元にいくことが出来ず、この慈尊院に滞在し、そこから山上の息子を憶っていたという。

高野山町石道《ちょういしみち》は、麓から高野山に至る道で、この慈尊院から山上の高野山入口の大門を経て、奥の院に至る二〇数キロに及ぶ山道も七つの町石道のひとつだが、空海は月に九度は山を下って、麓の慈尊院にいる母親を訪ねていたと言い伝えられていて、寺がある土地の地名〝九度山《くどやま》〟はそこから付けられたと言う。

また、この町石道には押上石《おしあげいし》という巨石がある。これは我が子、真魚に会いたいと結界を超えて入山しようとした母親を激しい雷雨が襲った時に、空海は母親を守るためにこの

高野山町石道 町石道の大門前の入口。ここから山道を下って慈尊院の母の元へと空海も歩んだ。

石を持ち上げてその下に匿《かくま》って守ったという。そういった空海の孝心を伝える説話のある石なのだ。

善通寺、という父親の名を冠した寺は一二〇〇年後の現在もその名を伝え、母に対する孝行は、その滞在地であった慈尊院のある九度山の名からも偲ばれる。

若いときから独立独歩で自分の思うままに生きて来た空海。だが、父母それぞれに対し、大きな報恩の孝行をしていたのだ。

当時の社会道徳の規範であった儒教の観点からしても、空海は親孝行であったと言える。『孝経』によると

わたしの身体は、両手両足

から髪の毛、皮膚の隅々に至るまで、これは父親と母親から授かったものである。それを意味なく損なったり傷つけたりしないようにするのが、孝行のはじめなのだ。立派な人物になり、正しい道を実践し、名前を後世に残して、その親は誰だとその父母の名前を世に知らしめることが究極の孝行となる。孝行とは、家にあって親に仕えることがその始まりで、家を出て主君に仕えるのが中間のもので、立派な人物になり世に認められることがその究極なのだ。

とある。空海は自身の名を残すのはもちろん、先に見たように父親の名を寺の名として今に伝えている。ちなみに母親の名の「玉依御前（たまよりごぜん）」は般若湯《はんにゃとう》（僧家でお酒のこと）の名前にもつけられて、それを今に伝えるのに一役かっている。

『性霊集巻第八』には、空海の両親に対する報恩にかける強い真情が書かれている。それによると

わたくしを生み、育ててくれたのは父母の恩の御陰である。その恩は天より高く、大地より厚いものだ。粉骨砕身して、命を失うことがあろうとも、いつの日か、必ずその恩に報いたい。

とある。

空海はその若き日はただひたすら新しい教えを求め、弘法に努めたが、そんな中にあってもやはり父母に対する恩は忘れることは無かったのだろう。その孝行も一般レベルでは許れないほどの大きいものだったのだ。

空海とは、実はやはり大変な孝行息子だったのだ。

2

書にみる
完璧主義の空海

ライフワークの密教

才能ということで言うと、書における空海のそれは群を抜いていたようだ。残された空海の書が国宝に指定される程のものだというのは、書そのものの素晴らしさに加え、書かれた文章の内容、あるいは最澄などとの手紙にみるその交流等の歴史的価値も当然加味されてのものだと思われる。

それでもなお、その書そのものだけを見ても「三筆」として歴史に名を刻む程であり、能筆であったことはいまさら異を挟む余地も無いだろう。

入唐時点では、唐の役人に出された嘆願書の紙面に踊る書の輝きもあって、上陸、そしてその都、長安への立ち入り許可を得ることが出来ている。書道の源流を持つ中国の唐の人からも認められるほどの書の腕を見せた空海。

実際、空海の書は唐において高い評価を受けていたようで、能筆の異名で呼ばれていたことが、その後入唐、帰朝した僧などによって伝えられている。

また空海の能筆ぶりはことわざとしても知られるほどである。

能筆として知られる空海だが、そこには天賦の才と共に、それを十二分に発揮するストイックな、完璧主義者の性格がうかがえる。

その性格は、自身にとってはライフワークの密教に於いて求道心ともなり、真言密教を打ち立てる上で大きな推進力となったと思われる。

しかし、それが他に対して向けられた時、法の相承に際し諸刃の剣となってしまった。

予定外の空海の帰国

空海はその書の腕前から、嵯峨天皇、橘逸勢（たちばなのはやなり）と共に〝三筆《さんぴつ》〟と称され、歴史にその名を刻んでいる。

他の二人とは、ただ単に能筆として歴史上一括りにされているだけでなく、実際に同じ時代を生き、それぞれと交遊を持っている。

まず橘逸勢との交遊が知れるのは、入唐時である。八〇四（延暦二三）年五月一二日に難波を出港した遣唐使一行は四船で一団となっていた。第一船には大使の藤原葛野麻呂(ふじわらのかどのまろ)をはじめ橘逸勢など二三名が乗っており、そこに空海も乗り、そこで面識が出来たかと思われる。因に第二船に乗る二七名の中には最澄がいた。

空海は、入唐して二年程経った頃、入唐年限二〇年を待たず早々に帰国を決意し、日本から国使として来ていた高階遠成(たかしなのとおなり)に帰国嘆願書を出して帰朝を認められる。この時、橘逸勢は自分の分の嘆願書も書いてくれる様に頼んでおり、実際にそれを空海が書いている。

予定外の空海の帰国嘆願に際し、時を同じくして自分の帰国嘆願書も書いて貰っていることからすると、長安に入ってからもお互いに連絡を取り合っていたようだ。

嘆願書を見ると、橘逸勢は唐では言葉の壁に阻まれ、学校に行くことが出来ず、かろうじて書と琴を習っていたようだが、その謝礼も払えぬ程、金銭的に困窮していたと言う。しかもこの時はまだ書に対する自信よりも、むしろ琴に対するそれのほうが勝っていたようなのだ。『性霊集巻第五』によると

わたくし橘逸勢は、唐と日本とで言葉が違い通じず、今もって学校で学ぶ

ことが出来ないでいる。とりあえず習う所を見つけて来て、琴と書道を学んでいるが、時はむなしく過ぎ去って学資金も底をついてしまった。……この琴で天皇に演奏させて頂くことをただ願うばかりである。

とある。

橘逸勢は、空海のことは遣唐使船での航海中から一緒にいて、その動向を傍で仔細に知る機会があり、自分で嘆願書を出すより、空海に頼んだ方が効果的だということを痛感していたに違いない。特に、唐に漂着した時点での入唐上陸嘆願書や、入京許可嘆願書などを見て、空海の書も文も共に素晴らしい物であることは重々に承知しているし、それを受け取った唐の役人の覚えがめでたいことも目の当たりにしている。

自分の帰国嘆願書も空海の手になれば、きっと帰国の想いが叶えられるに違いないと信頼していたのだ。それに、空海だけが唐から帰ってしまい一人取り残されてしまってはどうだろうか。ここは何としても空海と一緒に帰ることが出来るようにしないといけないと、空海に祈らんばかりに懇願している様子が目に浮かんでくるようだ。

そして結果は、この空海の書いた帰国嘆願書が功を奏し、空海とともに日本に帰ることが出来たのだ。

唐から帰国して

一方、嵯峨天皇との直接の交流は、八〇九（大同四）年の即位直後に高雄山寺《たかおさんじ》の空海に使者を送り、二幅の屛風への揮毫《きごう》（頼まれて書をかくこと）を請うたのがその始まりのようだ。

それ以前、遣唐使として出発した八〇四（延暦二三）年時点では、空海はまだ無名で、ようやく国の認める僧侶となり滑り込みで遣唐使の一員にしてもらった程度だったので、交流も何も、皇位につく前の嵯峨天皇からはその存在すら知られていなかった。

八〇六（大同元）年、唐から帰国して九州に着いてもしばらくは入京を許されずにいたので、空海のことは風の噂に聞くことはあっても交流まではいたらなかったと思う。

ようやく入京が許された空海が、高雄山寺に移って来たのが八〇九（大同四）年。空海が唐から持ち帰った、密教という当時まだ見ぬ新しい教えやその他の実学に関わる物など、朝廷に提出された『御請来目録《ごしょうらいもくろく》』に載せられた物を見るに興味深いものが多いし、遣唐使の大使などから、唐での活躍ぶりを聞かされた空海という人物に深い興味を抱き、その動向をうかがっていたと思われる。

しかし、嵯峨天皇は目録に載せられた経典論書《きょうてんろんしょ》の品々などを記したその内容より、それを書き記した書そのものに最も強く興味を引かれたようだ。

嵯峨天皇自身が三筆の一人でもあり、書の腕には少しは覚えがあることもあってのことだろう。

この屏風の揮毫依頼に際して、そこに書かれる文については、劉義慶（りゅうぎけい）撰の『世説新語《せせつしんご》』を指定しているから、空海の詩文より、やはり書に興味があったと思われる。『性霊集巻第四』によると

今月の三日、使者の大舎人職の山背豊継から受け賜った、嵯峨天皇からの勅書によると、わたくし空海に劉義慶が編纂した小説集の『世説新語』の一節を屏風一双に書くようにというものだった。

とある。空海が能筆として認められていたというのは、日本国内だけのことでなく、唐では、〝五筆和尚〟という呼ばれ方をされていたということから、彼の地でも高い評価を受けていたことがわかる。

五筆和尚

能筆としての空海の〃五筆和尚〃の異名について、次のような話が伝えられている。円珍（空海の甥、智証大師）という天台宗の僧が入唐した時、開元寺《かいげんじ》の恵灌（えかん）という僧が「五筆和尚は元気ですか」と消息を尋ねてきた。

それは空海のことであろうと感づき、もうおられないことを伝えると、非常に悲しんで、その才能の豊かさを惜しんだと言う。

また、円珍が恵果の弟子の義真（ぎしん）や義舟（ぎしゅう）を青竜寺に訪ねた時にも、その聡明ぶり、書に達者だった素晴らしさが話題にのぼったと言う。

二年ほどの短期間の一留学生であった空海の消息が、入唐して約五〇年も経っても話題に上り、唐では〃五筆和尚〃という呼び名が付けられるほどであったというのは、その書が唐の人をも驚愕させる程の高いレベルであったことをうかがわせる。

〃五筆和尚〃というのは、書道で言うところの楷書《かいしょ》、行書《ぎょうしょ》、草書《そうしょ》、隷書《れいしょ》、篆書《てんしょ》の五つの字

五筆和尚図

体すべてにおいて優れていたため付けられた呼び名と言われている。

しかし、その五筆和尚の様子を描いた絵が残されており、そこには両手、両足に四本の筆を持ち、更に口にも筆をくわえて、五本の筆を一度に操って字を書いている様子が描かれている。

これは、先の解釈と異なり五本の筆で一時に書いているように見える程、筆さばきが鮮やかであったと言うことの誇張表現ともとれるが、空海なら自分の力量を最大限にアピールするために、あるいは一度くらいこのようなことをしたかもしれない。

書を巡る諺《ことわざ》

「弘法も筆の誤り」という諺がある。この諺は、その道の名人、達人でも、時として失敗することがあるということの喩えとして使われる。「弘法大師（こうぼうだいし・入定《にゅうじょう》八六年後の九二一年に醍醐天皇がその功績を讃えて贈った尊称）」とは、空海の別の呼び名で、空海であっても書き損じすることがある、ということからこの諺は来ており、空海とはそれほどまでの書の達人であったということだ。

またこの諺は「応天門《おうてんもん》の額《がく》」の逸話から生まれたとも言われている。平安京の東西南北に位置する門の額を、嵯峨天皇、橘逸勢、空海で分担して書いた際、空海は応天門の額を書くことになり、書いた額を門の上に掲げた所、「応」の字の第一画目の点を打つのが忘れられていたという。

そこで、その一画目の点を書き加えるのに、その額を下ろさないまま、門の下から筆を投げたところ、見事に「応」の字の形を成したという話だ。

「弘法筆を択ばず」という諺もある。弘法、つまり弘法大師空海はどんな筆であっても素晴らしい字を書いた。ということから、翻って名人、達人は道具の善し悪しに関わらず、それを上手に使いこなすことを意味する。

空海自身は実際のところ、逆に道具にも人一倍、配慮していたようである。八一一（弘仁三）年、天皇に筆を奉献したときの記述によると、唐において得た知識で、筆作りに関して記している。それによると筆というものは、字勢の麁細《そさい》に随《したが》って大小・長短・強弱・筆先の形を取捨選択したり、毛を選んだりするのだとしている。更には人によって、その好みも違うということにも触れている。それほど、道具に強いこだわりを持っていたのだ。

そのことを工作職人の道具選びの話も交えて、天皇に奏上している。『性霊集巻第四』によると

良い工作職人はまずその道具である刀を研いで鋭くしておき、書の上手な人は必ず良い筆を使っております。良い工作職人は彫刻するときは、用途によって使う刀を変え、能書は書く文字によって筆を変えています。字には篆書隷書八分といった字体があり、また楷書と行書と草書という書体の

違いがあります。手本を座右において書く臨写では基準が違っていて、書き付けるものや状況によってその字体は様々な変化を見せ、それに適した筆も色々なのです。今すぐに全ての筆を造ることは出来かねます。今献上したものから最適のものを見極めてお使い下さることをお願い申し上げます。

とある。

空海の研鑽　入唐前～唐

空海はどのように書の研鑽を積んでいたのだろうか。空海のいた時代、大学まで進み、官吏《かんり》になろうかという人は、詩文、書の腕は必須だったようだ。

また、そういった実利面に加えて、唐の律令制に倣って国家体制を築いていた平安時代にあって、その制度そのものもさることながら、唐の書、詩文ほかあらゆるものを取り入れんとしていた時期ということもあって、貴族官僚のたしなみとしての面からも書は重要視されており、空海もその両面から必然的に幼少期から書の研鑽も積んだことと思われる。

空海の書に触れることの出来る『聾瞽指帰《ろうこしいき》』、序文の「干時平朝御宇　聖帝瑞号延暦一六年窮月始日」という点から、これは空海二四歳の時に書かれたものだとされる。歴史の表舞台から姿を消し、山野を駆け巡って修行していた頃だ。大学を離れてからは仏道修行に専念していたため、書の研鑽に時間をかけたと思えず、大学に入った時点でこの『聾瞽指帰』を書くだけの腕は既に持っていたことになる。

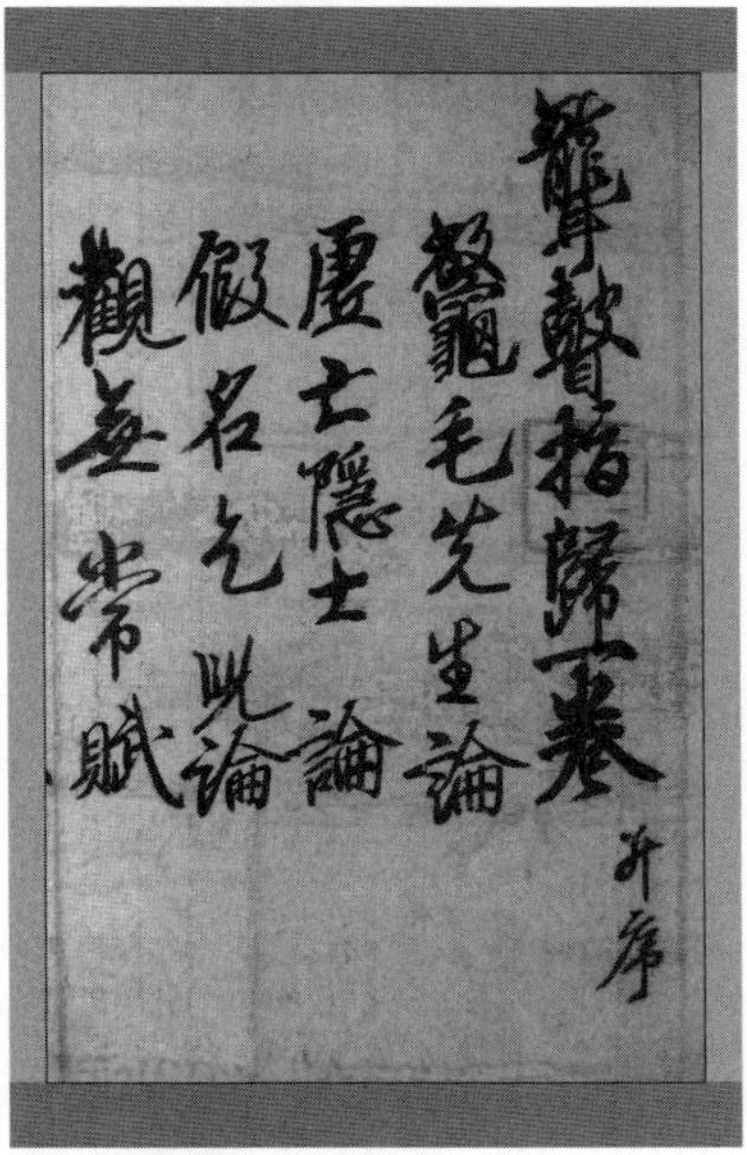

聾瞽指帰

これを書いた七年後、空海三一歳の時に唐に渡るが、その上陸許可を得るにあたり、この能筆ぶりが、空海自身、そして大使の藤原葛野麻呂をはじめとする同じ船に乗っていた人たちを助けることになる。先に見た同じ三筆の橘逸勢も入唐前から多少、書は嗜んでいたはずだが、その腕を上げたのは入唐してから、或は帰朝してからと思われ、入唐時に既に高い技量を見せた空海とは時期を異にする。

その後、再び入京嘆願書でも同じように、現地の担当役人をはじめとする人々はその書と文に感服し、晴れて長安の都に入ることとなる。

唐では、密教はもちろんのこと、それにつながるサンスクリット語やインド哲学、五明などの実学を貪欲に学んだ空海だが、書道もその本場において先生について更なる研鑽に励んだことがうかがえる。『性霊集巻第四』によると

わたくし空海は、海を隔てた西の地でいささか筆骨書法の手ほどきを受けて来ました。実際に習字しなくとも、筆法を体得したつもりであります。

とある。また、書そのものもだが、道具である筆の作り方も習っており、後に日本に帰国してからは、揮毫の他に筆を天皇に献上しているのは、先のことわざに関する所で見た通りだ。

書の妙諦

空海は書に関して若い頃からかなりの技量まで達し、さらに唐で研鑽を積むことによって、ついにはその奥義を語れる所まで完璧にしている。

中国の昔の人が書いた『筆（勢）論』を引き合いに出す形で、書の妙諦、極意について書いている辺りからは、空海の、自身の書に対する誇りを感じる。

空海は書の極意とは、心を万物に込め、字勢を四季の景物にかたどり、形を万物にかたどることが肝要であり、書の妙諦である、と語る。『性霊集巻第三』によると

蔡邕（さいゆう）の書いた『筆論』によると、「書道の極意は、心をあらゆるものに行き渡らせて、心でとらえた形を字勢に込めること」ということで、ただ字画の正しさをもって良いとするものではないというのです。必ず心を対象物に慕い移らせて、心の思いを対象物に込め、字勢を四季の景色や物にかたどって、形をあらゆるものにかたどらなければならず、そ

れこそが書の妙諦であるというのです。

とある。つまり空海は、きれいな字、美しい字勢を書こうとするのではなく、中国の書聖がそうであったように、書と言う形で物の心を顕すことが肝要だ、というのだ。

絵画的、美術的ということで言うと『真言七祖像賛《しんごんしちそぞうさん》』に添えられた文字や、『益田池碑銘《ますだのいけひめい》』で見られた文字は変わっている。飛白体《ひはくたい》と言う書法も駆使して書かれているが、これなど本当に絵画として見ても充分鑑賞に堪えうるものだ。飛白体には実際に字で鳥等が書かれたものもあり、空海の語る書の妙諦を象徴しているようだ。

空海の書は、表音文字、表意文字としてではなく、象形文字を含む表語文字として、或は絵画のようにして見るといいのかもしれない。

私は、空海の書や他の達筆に接する機会があった時は、何という字が書かれているのだろう？　どんな内容のことが書かれているのだろう？　などという難しいことは後からするとして、この字はきれいな形をしているな、この字は何かの形に見えるな、と空に浮かぶ雲を見る時のように、楽しみながら見るようにしている。

空海の書の妙諦論《みょうていろん》をこうして読んでみると、その鑑賞法もあながちダメというわけでもなさそうで、そうすることで却って空海の書こうとしたものに近づけるかもしれない。またそれが密教的鑑賞法と言えるかもしれない。

さて、自身では書の極意について語れる程の空海。単なる自信過剰だったのか。『続日本紀』に記された所によると、書法（書道）に勝れ、後漢の書家張芝（ちょうし）に並ぶほどであり、草聖（草書の名人）と称されたという。『続日本後紀巻第四』によると

空海法師は書道にすぐれ、後漢の書家張芝に並ぶ程であり、草聖（草書の名人）と称された

とある。しかし、最終的には、空海にとっては、書よりも仏道が本義であるとして、唐で密教を授かった頃からその研鑽をやめてしまったようだ。

当時の社会風潮であったことも手伝って、幼き頃から筆を持ち、さらに本場の唐でも研鑽を積んで、ついに書の極意を掴んだ空海。そしてさらには、その極意である、心を万物に込めた独自の書風を作り上げていく所まで完璧に書の道を究めている。『三教指帰巻第三』からは、何よりも仏道第一であるという空海の信念が伝わって来る。

わたくし空海はたまたま書に詳しい先生（一説に漢方明）に会って、口伝

を聞きました。とは言え、わたしが志しているのは書道ではなく、仏道なので心に留めていませんでした。

完璧主義が仇となる時

確かに完璧を求める心があったればこそと思われる能筆としての空海だが、その完璧主義が書道や、仏道の求道に向けられているぶんには良かったかもしれないが、他人に向けられた時、思いもしなかったであろう齟齬を生じている。

その一例が両者の交流が途絶えることになる一因とされている、最澄との理趣釈経の借覧をめぐってのことだ。『性霊集巻第十』によると

それ秘密法蔵である密教の教えの興廃は、ひとえにあなた最澄様とわたくし空海にかかっています。……また密教の奥義は、文によるものを重要とするのではなく、ただ心から心に伝えることが肝要なのです。文に書かれ

たものは、良い所を取り去った残りかすであり、がれきに過ぎない物なのです。残りかすの授受をしたのでは、これはすなわち純粋なる実質を失ってしまうことになります。

さらに『高野雑筆集巻下』によると

ただ手から手へ、口から口へ、心から心へと直接に面接して、秘法を授け、師《し》資《し》相伝《そうでん》することを望むだけです。

「真言の教えの興廃は、あなたと私空海にかかっている」とまで言い、期待を強くしたため、そこに完璧さを求めたのだろうが、結果的に中途までの相承に終わってしまうことになる。

最澄だけでなく、十大弟子をはじめとする弟子にも空海の真言密教の完璧な相承に応えられる者はおらず、結果として空海は、恵果阿闍梨に於ける空海のような付法の弟子を残せなかったことになる。

真言密教そのものをはじめとして、全てにおいて完璧とも言える空海の実績だが、それが故に、真言密教の相承には画竜点睛を欠いたともいえ、そこだけは心残りがあったのかもしれない。

しかし、応天門の額の時のように、この状況を逆に人間万事塞翁が馬として、最終的には入定することにより、また同行二人の信仰によって、自身の手で密教を相承し続けていると言えるだろう。

3

ルールに縛られない自由人

時として天皇相手であってさえ

僧侶として、それも一宗一派を立てた開祖といえば、人品骨格勝れ、常に人の模範となる行動を取ったのだろうというイメージで捉えがちだが、それは空海の場合、その実像とは少し違っている。

空海という人、詩文の才能をはじめ、学生時代からかなり優秀ではあったが、優等生ではなかったようで、自分の都合を優先して色々とルールを破ったりしている。それはまた、社会に出てからも同様で、社会で決められたルールに素直に従うばかりではなかった。また、目上の人に対して、横柄と取られかねない態度を取っていることがある。よくこれで相手が怒らないものだと感心してしまうほどだ。

既に地位もあり、年長の最澄に対してもそうだし、時として天皇相手であってさえ、傍目からすれば冷や汗ものの対応を取っていることがある。

勉学と懈怠と

空海は、大学に入ったある日出会った一沙門から求聞持法について聞き、大学を離れ仏道修行に専念するが、それ以前は一五歳で上京して、大学に入ってからも蛍雪の功よろしく猛勉強に打ち込んでいたという。その、ことの次第が空海自身の著した『三教指帰』にあるが、そこに記されている通り、仏道修行に方向転換する前までが、机に向かうだけのガリ勉くんなら、一沙門と出会うことはなく、出会ったとしても密教の秘法を授けられることなどなかったはずだ。

大学では確かに刻苦勉励して打ち込んでいたが、幾度となくその勉学を放棄中断しては、山に入って修行していたに違いない。

その修行も、悩み深き様子からして他者の目には鬼気迫るものがあったのだろう。その様子に、出会った沙門がいぶかって、それならと求聞持の法を授けたのだ。

大学を辞めて仏道修行に専念してからも、知識の吸収も全くしなかったわけではなく、山林修行と並行して、仏教、儒教、道教、その他ありとあらゆる文献、経典を読み漁っていたようだ。

特に、当時日本にあった仏典は余すところ無く学んでいたのだろう。『御請来目録』に記された請来本に、それまでのものと重なるものがほとんどないことや、『三教指帰』に仏教、儒教、道教のあらゆる本からの引用がちりばめられていることが、そのことを如実に語っている。

仏道修行に専念してから、勉学の方はいつしていたかということについては、当時の仏道修行者のひとつのスタイルとして、半月を山林修行して、半月を寺での仏典勉強に充てる形が見られる。空海も大学在籍中から、時として山林修行をするために、大学をさぼり勉学を一時中断していたのだろう。『続日本後紀巻第三』によると

（僧正伝燈法師位護命は）吉野山に入り苦行した……月の前半は深山へ入り修行し、後半は宗学を研鑽した

とある。

自分の都合を最優先

唐に渡るために遣唐使となった空海だが、その際は、必要な資格を取り、二〇年の生活費等をあらかじめ用意した上で申請し、選ばれないといけなかったはずだ。四半世紀ぶりの遣唐使にどれだけの人が希望を出し、その中でどれだけの人が選ばれたのかはわからないが、官僧の資格を取ることにせよ、留学資金を用意することにしても、大学中退以降それまでの約一〇年、杳としてその行動が知れなかった空海がそれを揃えるのは容易ではなかったはずだ。

また渡唐に関しても、それまでの遣唐使を見ても船の難破は度々あったようであり、また実際にその時の四船のうち、空海の乗った船を含む二船のみが渡唐出来たわけで、渡航についても常に危険が伴う状況であった。

そこまでして遣唐使になり、無事に渡唐を果したにもかかわらず、空海は留学生として決められた二〇年という唐での滞在期間を破り、わずか二年ほどで帰国してしまう。

しかし、唐に二〇年滞在するというのは、遣唐使に選ばれた時点で留学生である空海に対し、それを派遣する国から課せられた決まりであったはずである。それにもかかわらず、空海はその決まりを自分の勝手な都合で破ったことになる。

空海にしてみれば、当初の目的である『大日経』に関わる問題は解決することが出来たし、金銭的にもかなり逼迫していて、そこから更に唐に滞在しないといけない理由も無かった。逆にその法を授けてくれた恵果阿闍梨の遺言もあって、早く日本に戻ろうと考え、実行したわけだ。

人の作った決まりが至上のものではなく、それより、言葉は悪いが自分の都合優先というわけだ。

この自分の都合優先ということは、対人関係においても見られる傾向だ。それも自分より目上の人に対してでも見られ、周りの人達も面食らうことがあったのではないだろうか。

最澄と空海

空海は真言密教の宗祖《しゅうそ》であるし、何よりお坊さんだから、人付き合いの機微も心得ていて、人に対して慇懃《いんぎん》で誰からも愛されたのではないか。というイメージがあるかもしれない。しかし、人に対して慇懃というのは、どうも当たっていないようだ。時として、目上の人に対してさえ自分の都合を優先させ、横柄とも取られかねない態度を取っていることがある。

平安時代が語られる時、空海を語って、無視することは出来ない人がいる。最澄（七六七〜八二二）がその人だ。空海は真言宗の開祖として、一方の最澄は日本天台宗の開祖として、共にこの時代の宗教的巨人の代表として紹介される。平安時代と言っても、その始まりの平安京がおかれたのが七九四年、それから鎌倉幕府が成立する一一九二年までが平安時代に当たるので、四〇〇年近くの幅があるが、その中でもこの二人は唐から帰ってから実際に交流も行われており、同じ時間を過ごしている。年は最澄が空海より七歳年上である。

遣唐使は二〇回（一九回とも）派遣されているが、二人は同じ八〇四（延暦二三）年の遣唐使団で唐に渡っている。この時、遣唐使船は四船用意されている。遣唐使の大使である藤原葛野麻呂や橘逸勢らとともに、その第一船に乗り込んだのが、空海。最澄は第二船に乗って唐に向かった。遣唐使船は度々海難で座礁したりしているが、このときも二人が乗っていない第三、四船は唐に辿り着くことはなかった。

また、危険なのは帰りの航路も一緒だが、二人、共に無事日本に帰って来ているのは歴史の必然なのだろうか。

同じ遣唐使団の一員であっても、二人の肩書き、待遇には開きがある。空海は遣唐使となるために必要な、国が認める僧侶としての資格をまさに滑り込みで手にする。

そうして得た遣唐使としての資格は、二〇年の滞在が義務づけられた私費の留学生。かたや最澄の方は、朝廷から認められた短期の勉学を目的とした請益僧《しょうやくそう》。もっとも最澄はこのとき既に、宮中で桓武天皇の傍に仕える内供奉十禅師《ないぐぶじゅうぜんじ》という地位についている。

二人の交流が始まるのは帰朝してからで、唐においてはまだ交流は無かったのだが、それは空海が都長安で研鑽を積み、最澄は別の地で活動し、長安に入ることは無かったためだ。

最澄は、請益僧だったので、翌年の六月には大使の藤原葛野麻呂とともに帰国している。天台宗の本山のある天台山には行ったが、入唐期間の短さのため、長安には行くことは出来ていない。しかし、帰路で順暁（じゅんぎょう）という密教僧から、密教も授かっている。

最澄との相対

一方の空海は死罪すら覚悟して帰国したのが、最澄帰朝の翌八〇六（大同元）年の一〇月。入京が許されたのは、それから三年近く経った八〇九（大同四）年七月のこと。入京を許された空海は高雄山寺に移ることになる。

最澄はこの高尾山寺で八〇二（延暦二一）年、法華会を行って和気氏の年忌を営み、八〇五（延暦二四）年には桓武天皇の要請で日本最初の公式な灌頂を執り行っている。

入京を許されず、遣唐使留学生としての年限を破った空海の処遇については、伯父の阿刀大足等の恩赦願いなどもあったかもしれない。しかし、その他にもこの恩赦の進言が考えられるのが、遣唐使大使の藤原葛野麻呂と、もうひとりこの最澄である。

そう推察される鍵となるのが、唐から帰国後、入京を許されず九州太宰府に留め置かれた空海から、高階遠成を通じて天皇に出された留学報告書でもある『御請来目録』だ。

最澄は内供奉十禅師として、天皇の近くにいたため、当然、そこに記されたものの意義について意見を求められたはずだ。そうして『御請来目録』に目を通し、更にそこに記された密教経典や仏具、仏画の数々の真の意義を理解出来た唯一人が最澄であったため、空海の唐での業績を上申することが出来たと思われるからだ。空海の入京、高雄山寺への入寺に、最澄の朝廷、或は天皇への進言の影響があったとしても不思議ではない。

最澄からの恩赦進言に関してはその有無は判然としないとしても、『御請来目録』に目を通していたことは確実だ。その後、高雄山寺の空海に、最澄は密教経典の借覧を申し入れているからだ。

最澄も帰国直前になって順暁という僧から密教を授かっているが、それが傍系であること、自分の授かったものに欠けている点が多いことを『御請来目録』を見て、痛感したに違いない。

最澄が自分の授かった密教が傍系だと感じたのは、目録に記されたその経典の種類や仏具や仏画といったものの量と質からというのもあるだろうが、そこに記された、誰から誰にその教えが伝えられたかという法燈の流れや、さらに法燈とともに継がれて来た衣鉢の数々のリストを見て、そこに密教で重視する〝師資相承〟を目の当たりにすることになり、まさに空海が密教の正統な〝衣鉢を継いだ〟人物であるとの思いを強くしたのではないかと思う。『御請来目録』によると

阿闍梨付嘱物

仏舎利八十粒　就中金色舎利一粒

刻白檀仏菩薩金剛等像一龕

白緤曼荼羅尊四百四十七尊

白緤金剛界三昧耶曼荼羅尊一百二十尊

・・・・・

右の仏舎利など八種の物は、もともとは金剛智阿闍梨が南インドから持って来て、不空三蔵阿闍梨に伝えた物で、それをまた恵果阿闍梨に伝え、それをさらに空海へと託した物だ。それ故これは密教の付法《ふほう》を示すもので、衆生の帰依の証として来たものなのだ。

健陀縠子袈裟　一領

碧瑠璃供養椀　二口

・・・・・

右の袈裟などの五種のものは、恵果阿闍梨が空海に伝えた物だ

とある。これによってまさに密教相承の正当性が証されていると言える。

私自身のことで衣鉢を継ぐということを見てみると、八千枚護摩行などの伝授に際しては、そのやり方を示した〝次第《しだい》〟と呼ばれるものに記されたこと以外の、裏のポイントの口伝に加え、その後の修行でそれを正しく理解、相承しているとして百萬枚護摩行という前人未到の修行で使われたある法具をその一子相伝の証として授かっている。

ただ〝次第〟を入手し、そこに記された通りにしたからといって良いわけではない。ポ

イントを外していると、ただやっているだけということになりかねない。その意味でも、師資相承ということが大事になってくるのだ。自分が伝える立場に立つ時は、そこも正しく伝えなければと改めて思う。

さて、密教経典の借覧などを通じて、空海と最澄二人の間には手紙などによるやり取りが行われている。そこでは空海は最澄に対し、敬意を持って対処しているのがうかがえる。

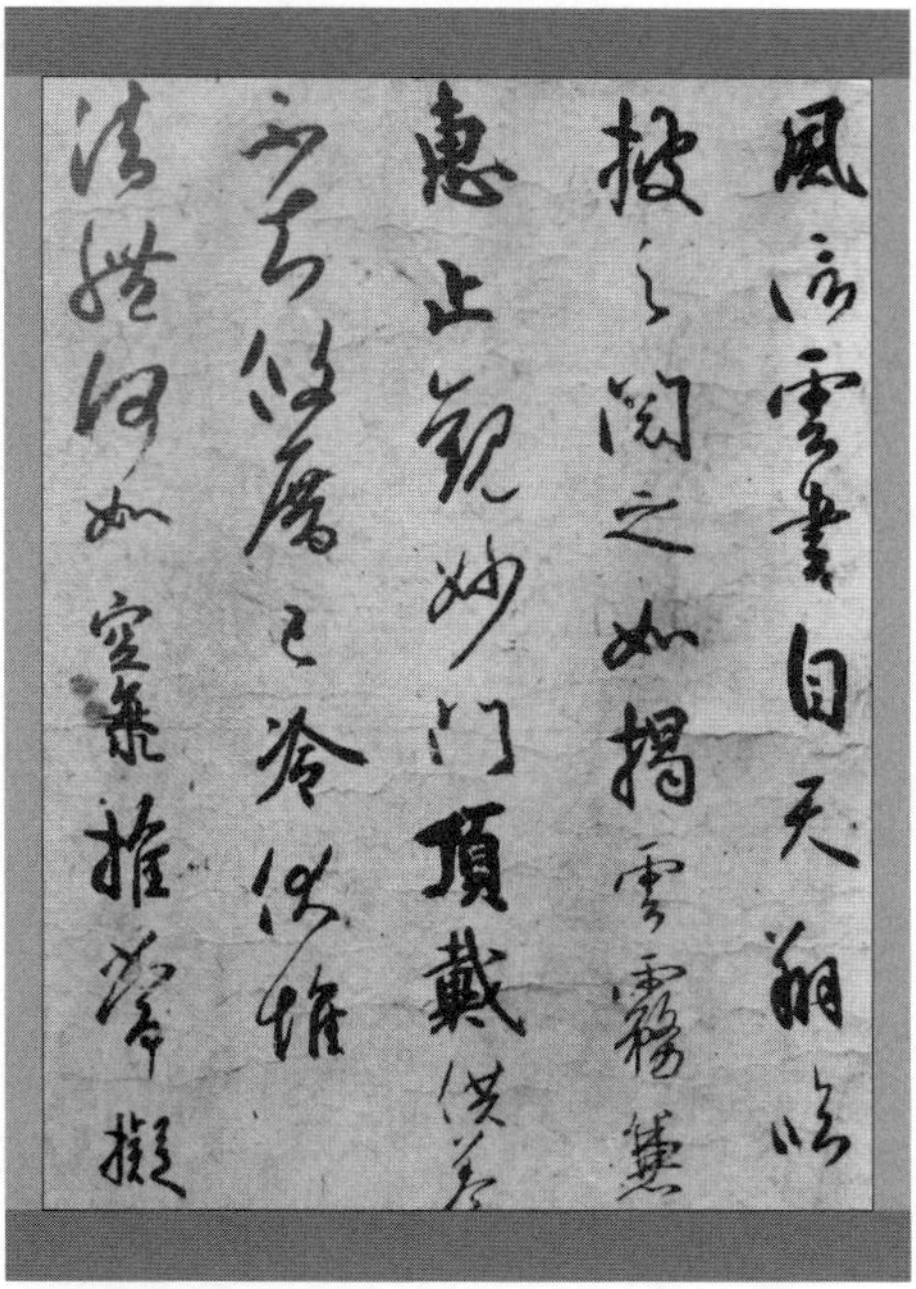

風信帖

しかし、最澄に対して敬意をもってあたろうというのであれば、面会に際しても立場的に下の空海が出掛けていくのが筋と思われるのだが、その逆に、最澄に自分の所まで出て来てくれないかという手紙を出している。

そういったことを記した二人の間でやり取りされた手紙が、空海の書として最もよく知られている『風信帖《ふうしんじょう》』と呼ばれる書簡である。『拾遺雑集《しゅういぞうしゅう》』によると

（『摩訶止観《まかしかん》』というお経を贈ってもらった御礼にも）、（あなたがおられる）比叡山に伺いたいが、一身上の雑事でそれがままならない。（一緒に仏教をひろめて仏恩に報じるためにも）ご足労ですが、わたくし空海のいる乙訓寺《おとくにでら》までおいで願えないでしょうか。

とある。言葉は丁寧だが、事情はどうあれ、少し慇懃無礼とも取られかねない内容である。実際、最澄は八一二（弘仁三）年には、高雄山寺から乙訓寺に移っていた空海を訪ねている。

天皇との交流

師僧恵果阿闍梨から空海に託された、日本での密教の弘法。その大きな支援者にあたる

のが、嵯峨天皇である。

律令国家である当時の日本において、天皇からの覚えがめでたいことは、空海が唐から請来した密教を弘めるためには必須のことであったと思われる。

当然のことながら空海は、はじめから皆に知られる存在であったわけではない。その入唐にあたっては天皇の許可が必要であったが、空海に入唐の裁断を下したのは嵯峨天皇の二代前の桓武天皇である。

桓武天皇は還学生《げんがくしょう》として唐に向かう最澄のことは、内供奉十禅師としてよく知っていただろうが、一留学生《るがくしょう》であった空海のことはほとんど知らなかったのではないだろうか。

世間における状況も同様で、日本出港時には特に目につく存在では無かったと思われるが、遣唐使船が唐に辿り着いた時の上陸嘆願書の一件で、俄に空海という人物に特別な目が向けられ始める。

空海が天皇から重用されだすのは、続く平城天皇を経て嵯峨天皇の御代になってからのことである。

詩文にも造詣が深い風流人であった嵯峨天皇との交流は、先に見たように八〇九（大同四）年、即位直後の嵯峨天皇が高雄山寺の空海に使者を送り、二幅の屏風への揮毫を請うていることが始まりのようである。

これより後、文芸を通じた交流とともに、空海が密教を弘法する上での支援を嵯峨天皇は度々行っている。


嵯峨天皇が、初めて屏風への揮毫を依頼した翌八一〇（弘仁元年）、その嵯峨天皇と平城上皇の間で支配権を巡っての争いである薬子《くすこ》の変が起こる。鎮圧直後に空海は高雄山寺で密教による国家安泰を願う修法をすることを願って上表し、嵯峨天皇より許可されている。

これをひとつの契機として、それまで空海の文化人としての側面に興味を抱いていた嵯峨天皇が、空海の持つ別の面、密教の相承者としての一面に目を向けるようになった感じがする。

その後、奈良の東大寺、京都の乙訓寺という官立の寺の、「別当《べっとう》」という、寺を統括する要職を次々と嵯峨天皇から任されていく。

さらには空海を東寺の「長者《ちょうじゃ》」に任命し、その造営を含め一任している。これは嵯峨天皇退位の三カ月前のことである。

空海の真言密教は、そういった天皇との繋がり等から貴族宗教と揶揄されることもあるが、空海には貴族や天皇に対し、必要以上に気を遣う考えはあまり無かったように見受けられる。そこに重きを置いているのであれば、天皇の指示には何をさておいても従いそうなものだが、逆に、ここまで理解を示し、支援してくれる嵯峨天皇に対しても、慇懃無礼と取られかねない言動を取っているのだ。

時として慇懃無礼

嵯峨天皇との交流の始まりのきっかけは屛風への揮毫依頼だが、その後も屛風への揮毫を依頼されること数度。ある時、その献上が遅れてしまったのだろう、添えられた書状にお詫びの文言が見られる。『性霊集巻第三』によると

わたくし空海は、禅定三昧《ぜんじょうざんまい》（瞑想に集中している状態）に耽り、長らく書道から遠ざかっております。一晩中ずっと「数息観《すそくかん》」という瞑想を修して、書道に専念する暇がございません。そもそも、わたくし空海は曹喜のような能書家ではございませんのに、何の間違いか誤って嵯峨天皇の揮毫

勅命を拝し奉りました。揮毫をお断り申し上げたい所でしたが、それも叶わず、あえて書をしたためたものでございます。

とある。禅定三昧に耽り、夜もすがら数息観に専念していて、書道に専心する暇が無かったと、修行のためだったとはいえ、自分の都合を平気で言い訳としている。

さて、空海だが、東寺を給預された時にも、嵯峨天皇に対し傲慢とも取られかねない態度で臨んでいる。

東寺は、平安京が出来た時に西寺とともに作られ、玉体安穏《ぎょくたいあんのん》（天皇陛下の御健康）、国《こっ》家《か》安泰《あんたい》、庶民利益《しょみんりやく》を考えて作られたもので、それは後に空海に一任されることになる。

空海に給与された東寺にはひとつの特徴がある。それは真言宗専門の寺ということである。今の常識から考えると、それのどこが特徴的なのかと思うかもしれないが、それまではひとつの寺に違う宗派が二つも三つも同居していて、ひとつの寺にひとつの宗派というのは、このときの東寺が初めてなのだ。

おそらく、東寺を一任されるにあたり、空海のほうから注文をつけたと思われる。普通なら国家の大寺を任せて頂くだけでありがたい、となりそうなものだが、空海の場合、相手が天皇であれ、誰であっても言うことは言うというスタンスだったのだろう。

もし、ここで無礼だといって天皇が機嫌を損ねられていたら、今現在、東寺は真言宗のお寺となっていなかっただろう。よく無礼者扱いされなかったものだ。

このような言動は文芸を通じて近しい関係があった嵯峨天皇に対してだけでなく、次代の淳和（じゅんな）天皇に対しても、いかがなものかという対応が見られる。少僧都《しょうそうず》という僧の位を辞退する上表文に於いて、世の中のことには経験が無いので、それに携わることは煩わしく、堪え難いということを辞退理由のひとつとして挙げているのだ。

こういう言い訳をするあたりは育ちの良い、世間知らずの空海の一面をよく表しているようで、少し可笑しくもある。

わたくし空海は、二〇歳の頃より五〇歳になるまで、禅定を修することを目的として山林を己れの住処としておりました。そのため世の中のことには経験が無く、それにたずさわることは煩わしくて堪え難いものがございます。

この淳和天皇もまた漢詩に長じて、令義解《りょうのぎげ》という法制書を作っているが、嵯峨天皇のように空海と文芸面での交流は見られない。

また、さかのぼって桓武天皇の御代、空海が遣唐使として選ばれた時も、二〇年間と決められた留学期間の約束を反古にし、二年ほどで帰国している。

やはり、言葉は悪いが、自分の都合が優先で、そのためなら国の決まりごとや天皇との約束を破るのも仕方ないという感覚なのだろう。

密教のルール〜四重禁戒

『三教指帰』で出家宣言して、俗世間から離れているため、そこのルールから逸脱してしまうのは仕方ないとすれば、空海が最も大事にしていた仏教、あるいは密教のルールから見るとどうなのだろう。

仏教におけるルールとして「戒律《かいりつ》」がある。

真言密教では僧侶の基本となる戒律に〝三昧耶戒《さんまやかい》〟というものがある。そしてその戒相として〝四重禁戒《しじゅうきんかい》〟があり、真言密教の僧侶は、これをよすがとして菩提心を発して、上求菩提下化衆生を旨としてすすむべきものである。

空海はこの真言密教の特色である三昧耶戒を守るように、〃遺戒《ゆいかい》（弘仁の御遺誡と呼ばれるが、ちなみに遺戒は遺言とは異なる）〃という名の訓戒で弟子達に教示している。

さて、戒律とは何か？　平たく言えば、修行者の背骨にあたり、足にあたるものだ。背骨として姿勢を正し、その体の心柱となり、発心して足として歩を進める力ともなる。

四重禁戒はその名の示す通り、四つの戒からなる。

一　不応捨正法戒

二　不応捨離菩提心戒

三　不応慳悋正法戒

四　不応不利衆生行戒

それぞれが意味する所は、一は正法つまり密教の教えを捨ててはいけない。二は菩提心を捨ててはいけない。三は一切の法を隠し立てしてはいけない。四は他人に対し不利益な行をしてはいけない。ということだ。

〃四重禁戒〃という呼称からすると禁欲を強いるようなイメージをもたれるかもしれない

が、実はその逆で、その場にあって縛り付けるという禁戒ではなく、前へ進むべく行動しなさいという勧戒なのだ。また、一と二は自利のため、三と四は利他のためという性格をもっている。

つまり、一の密教の教えを捨てないというのは、密教というのは仏さまを体現するものなので、そこに至れるように進まなくてはいけない。進みなさい。ということであり、二は、一をもっと具体的にしたもの。また、三は密教の教えを縦横に使って衆生を利せよ。四は衆生にためにならぬことをするのではなく、利することをしなさい。となる。

〝四重禁戒〟は別名で〝菩提心戒〟ともいい、菩提心、つまり仏さまを体現するための戒なのだ。

一方で、真言密教の壇信徒、いわば得度などしていない一般在家の人で真言密教の道を進もうという人のための戒律に十善戒なるものがある。

一　不殺生　二　不偸盗　三　不邪淫　四　不妄語　五　不綺語

六　不悪口　七　不両舌　八　不慳貪　九　不瞋恚　一〇　不邪見

こちらは先ほどの四重禁戒とはイメージが逆で、善戒、という呼称からは良いことを進める戒の感じがするが、実は、こういうことをしてはいけないということを挙げた、禁戒なのだ。

空海は『弘仁の御遺誡』『三昧耶戒序』『秘密三昧耶仏戒儀《ひみつさんまやぶっかいぎ》』といった述作でその重要性を説いている。そこで語っているのは、四重禁戒を破るものは、わたくし空海の、そして仏さまの弟子とは呼べないし、どんなに修行しても結局はダメになってしまうから、しっかり守って進めよ、ということだ。

空海が唐まで行って授かったものは、この四重禁戒を戒相とする三昧耶戒であるとも言える。

唐から帰って天皇に提出した、『御請来目録』にそのことが述べられている。『御請来目録』によると

恵果阿闍梨がわたくし空海に、その教えとして授けて下さったのは〝発菩《ほつぼ》提心戒《だいしんかい》〟であり、教えの相承儀式である灌頂を受けることを許可して下さったのです。

とある。灌頂道場に入るとは、密教授受の儀式を受け、正式な密教継承者の資格を得ること。また、そのために授けられたものを「密教」とは言わず〝菩提心戒〟と言っている。

つまり、密教にとって、〝菩提心戒〟がその大黒柱になることを意味している。〝菩提心戒〟とは〝三昧耶戒〟の別の呼び名であり、〝四重禁戒〟の堅持が何よりも大事だと言うことだ。

ちなみに、この〝四重禁戒〟の所依《よりどころ》となっているのは、空海が入唐を志したきっかけとなった『大日経』である。

ルール破りの空海の理屈

これまで見た、大学をさぼったり、遣唐使期間を勝手に短縮したりするといった、決められたルールを破ったことは、空海にしてみれば、別に驚くことでも何でもなかったのだろう。

遣唐使期間を守らず早々に帰国したことに関しては、覚悟を持って臨んでいるが、罰を受けるとしても自分ひとり、逆に決まりを破ってでも早くこの法を日本に請来する方が、衆生のため、国のためになるのだという喜びが、見え隠れしている。

確かにその当時、「今の」決まりからしたら、ルールを破っているかもしれないし、周りは驚くかもしれない。しかし、空海は「今の」自分を成長させ、また、自分だけ、一個人だけでなく、「今の」社会をも必ず前へ進めることが出来る、革新改善したいという信念があったのだ。

空海が自身を成長させ、社会革新をするための精神的支柱、武器は何であったのか。それは言うまでもなく仏教であり、密教であった。

この〝四重禁戒〟の観点から一連のルール破りを見返してみると、唐に行く前、即ち密教を授かる前の段階に於いて既に、その行動は密教求法に向かって、或は密教の日本における弘法に向け、空海は前へ前へと進まんとしている。

大学をさぼり、中退しながらも、求聞持法で密教を体感し、その法体系の追求に努め、また、遣唐使留学生として定められた年限を破ってでも、早く日本にその法を持ち帰って弘めるという意志が何よりも勝ったのだ。俗世間のルールは度々破ったことについては褒められたものではないかもしれないが、密教のルールである〝四重禁戒〟の観点からすると、それはしっかり守られていたと見ることが出来る。

このことに考えを巡らしていて少し思い出したことがある。「真言行者《しんごんぎょうじゃ》」という言葉がある。これは真言宗の僧侶の呼び方のひとつで、真言宗の行をする者といった意味合いになろうかと思う。ただ、私としては行者というのを、ただ単に行をする人としてではなく、前に向かって進む者、前に行かんとする者として捉えている。これはそのまま真言宗の僧侶として、菩提心をおこしたそのスタートから堅持すべき戒である三昧耶戒にも直接つながる姿勢であると思う。

つまり、ルーティンワークで現状に安穏としてはいけない。行動も意識も常に前に向けて進んで行け。そうするのが真言行者であると、私自身解釈している。

さて、空海だが、もしかすると「人事を経ず、煩砕《はんさい》に耐えず**【世の中のことには経験が無く、それにたずさわることは煩わしくて堪え難いものがございます】**」とも言っているように、自分の人付き合いの下手さのようなものは自覚していたような気がする。

決められたルールを破ることに関しても、唐から早々と帰って来てしまったことについては、先にも見たように遣唐使として決められたルールである二〇年の在唐期間を破ることがどういうことなのかは、重々自覚していたのがうかがえる。『御請来目録』によると

わたくし空海は、遣唐使として唐にいないといけない二〇年の期間に満たない二年で帰って来てしまっており、その罪は死罪でも足りない位ですが、生きてこの密教という得難い教えを請来したことについては、心中、歓喜にたえないものがございます。

とある。それと同時に、ここにも自分が不二の法門として探し求めた法に巡り会い、相承することが出来た喜び、そしてまたその法と法の正統な相承者としての自分が無事に日本にやって来ることが出来たという喜び溢れる様子が見て取れる。

最澄を呼び立ててしまったことや天皇に対しての非礼も十分自覚していたのだろう。それを自分勝手、無礼だと言われてしまったとしても仕方が無い。それは実は自分の都合ではなく、真言密教を弘めるためであり、それは衆生の利に繋がるとの確信をもってのことだと思う。

普段、筆まめにあちこちに書状を送り、時として贈り物を添えて弟子に持たせたりしたのは、自分の真意、真言密教にかける思いを知っておいてもらいたいという考え、そして非礼なることがあったとしても他意はないことを、理解しておいてもらう意図も多少はあったのではないだろうか。

4

いつか見ていろ

待ち受ける障壁

どの道を歩むにせよ、そこには先を歩む人がいるし、時として障害ともなる決まりが作られていたりする。ましてや空海のように新たな道を切り開こうとする者に対しては、出る杭として、それを打たんとする力もかけられてきかねない。

まず考えられるのは親、兄弟、親戚などの壁。そして、仏道を進んで行く上では、単に自己実現だけのためのものとしての仏道ならまだしも、それを大きく拡げていこうという意志を持った時、その道の先人にあたる南都六宗や、最澄の存在、或は国家権力の壁が待ち受けていることになる。

親との関わりについては、ほとんど残された記述もなく、大学を辞めた時や、その後、放浪状態での山岳修行に関しても、その存在が表に出てくることが無かったことからすると、空海の行動に対して直接の強い干渉はしていなかったようである。

ただ、一五歳の時から空海の勉学を見ている伯父の阿刀大足からは意見されることもあったが、その陰には、息子を諌《いさ》めて欲しいと願う親の思いがあったかもしれない。親にしてみれば、貴人生誕の奇瑞《きずい》を持って生まれて来て、小さい頃は神童と周りからもてはやされるほど、出来の良い子だったので、大学を辞め放浪していた時でさえ、可愛い子供という目で終始見ていたように思う。

それが感じられるのは、空海が親の意向に逆らって、大学を辞めて仏道修行を一〇年も続けるという勝手なことをしていながら、唐に渡りたいと遣唐使にならんとした時の援助であり、唐から帰って来てから、地元に寺を建立するにあたっての寄進である。基本的に両親は直接特に何も意見することは無く、空海のすることをただただ見守るだけだったように思われる。

また、大学を途中で辞めたことに関しては多少悲しむこともあったかと思われるが、その後、仏道に専念することに関しては、その生誕奇瑞やほかの子供たちと交わらず、一人仏像を作りそれを拝む姿を知る両親としては、官吏として身を立てずとも、立派なお坊さんになってくれることも、その期待の中にはあったように思われる。

しかしその反面、伯父の阿刀大足からの干渉、叱責はかなりのものがあったのではないだろうか。それは空海にしては珍しく、文面に残すほどの怒気をもって反論していることからも推察される。ただ、伯父の阿刀大足としても先の両親同様、立派なお坊さんとなることも、当時の社会では官吏となること同様に世間では認められた立身出世といえるし、完全に否定するものではなかっただろうが、空海の書や詩文の才能があまりに勝れていたので、それを活かすには僧侶より官吏の方がふさわしいと思ったのが、空海の仏道入りをとどめようとしたひとつの理由ではなかろうかと私は考える。

しかしそれにつけても、私は、この時の空海の心情を表した一文がとても面白くて好きだ。そこにいるのは宗教者として一般の人がイメージするような、人格者空海ではなく、自分の信念に対しては激情を表すことさえ厭わない、エネルギッシュな姿だ。『三教指帰巻上』によると

ここに親族のひとり阿刀大足と多くの知り合いの知識人がいて、わたくし空海を枠の中に縛り付けようとして、儒教で説く、人として守るべき仁・義・礼・智・信の五つの道を持ち出し、わたくし空海が忠義と孝行の道からそれていると言ってたしなめてくる。しかし、わたくし空海は、生き物

の心は画一的なものでなく、空を飛ぶ鳥、水に沈む魚も、その性が自ら異なるのだから、人々を教化する教えにも釈尊の教えと老子、孔子の教えの三種があるのだと考えている。何れ違えども、そのどれもみな聖人の教えであり、そのうちのひとつである仏道に入ることによって、忠孝に背いたことにはならないはずだ。……また母方の甥がいるが、こころがねじれてしまっていて、狩猟をし、酒を飲んで女遊びを楽しみ、いつも博打をしている。それは環境が悪いからなのだ。

とある。空海にしてみれば筋違いと思える箴言をして来たり、放蕩している甥を野放しにしている親族に対する反発心を見せている。さらに

（ここに書かれたものは）論陣を張って出家の意志を示し、あわせて蛇蝎されている甥を戒めんとするもので、『三教指帰』と名付けた。ただただ憤懣やるかたない高ぶる気持ちを書き記した物で、身内以外の人に読んでもらうことは望んでいない。

とある。どうして身内のみんなでさえ、私の本意がわからないのか、と溜まりに溜まった鬱憤が一気に爆発した感じである。そこには親子間の問題について、他人が自分勝手な

尺度で親孝行がどうのこうのと意見して来るな。私には私の「孝」の考えがあるし、自分の決めた進むべき道があるんだ、というような空海の信念が溢れているように、私には感じられる。

密教を求めて唐に渡る決意をした空海に今度は、遣唐使となるための資格の壁が立ちはだかる。しかし、運も手伝って無事遣唐使となり唐へ渡ることが出来たが、律令国家とはいえ、資金の他に資格の壁を設けた国家権力に対し、あるいはただ漠然としたものかもしれないが、社会の仕組みに少なからず疑念や面倒臭さを感じたのではないかという気がする。

その資格を与えることの出来るのもまた、国が定めた寺の機関だということもあって、旧来の仏教、南都六宗に対しても、権力を持つ一つの壁として感じたのではないだろうか。当時、年分度者《ねんぶんどしゃ》といって一年に得度させることが出来る人数は決められており、それらの定員は南都六宗に振り分けられていた。国家公認の僧侶となるための受戒《じゅかい》（戒律を授かるための儀式）も、その統治下にある東大寺戒壇院など限られた三カ所でしか受けることが出来なかった。

後々、唐から新たな教えを持って帰って来たとしても、そのシステムや管轄している旧仏教が弘法の障壁となるだろう、いずれ相対し、乗り越えて行く必要が出て来るかもしれないと空海は考えたに違いない。

日本仏教界の先人最澄

また、仏教を考えた時、後に障壁となりそうな存在として、国家権力の最高位にある天皇と強い結びつきを持っていた最澄の存在がある。

桓武天皇の内供奉十禅師として、宮中で天皇の安穏を祈ることを職務とする確固たる地位を既に築いていた最澄と、空海の時が初めて交錯したのは二人が遣唐使として入唐した八〇四（延暦二三）年のことである。

この時最澄三七歳、請益僧という朝廷から正式に認められた僧として遣唐使団に加わっている。

かたや空海三〇歳で、遣唐使になるための最低ラインである国から認められた僧侶に滑り込みでなった留学生であり、このはじめの段階では僧侶としての格に雲泥の差がある。

唐から一足先に帰った最澄は、八〇五（延暦二四）年九月、高雄山神護寺で日本最初の公式な灌頂を行う。つまり密教儀礼を日本で初めて行ったのは空海ではなく、最澄ということになる。さらに、八〇六（大同元）年一月には天台業二人が年分度者（国から許された出家得度の一年ごとの定員）となり、この点では最澄は南都六宗に並ぶ勢力を持ったこととなる。

また、これは一宗一派としての日本天台宗の開宗とされ、最澄は未だ唐にいる空海のさらに先に進んでいたのだ。

大きくなる空海の存在

唐から密教を携えて帰朝した空海は、入唐前までは南都六宗、最澄、さらには天皇からは歯牙にもかけられないような存在から、いつ肩を並べたかわからない程に、瞬く間に大きな存在となっていく。

まず遣唐使にならんとした時に感じた、遣唐使になるための決まりに対する不自由さや、それを定めた官吏、国家権力の壁はその後、どう乗り越えていったのだろうか。

これは、直接対峙すること無く、国家権力のトップに立つ天皇との関係性によって一気に乗り越えてしまう。


例えば、東寺《とうじ》を授かる時である。東寺を空海に与える知らせがあったのは、八二三（弘仁一四）年一月一九日。空海五〇歳のこと、時の天皇、嵯峨天皇退位のわずか三カ月前の裁断である。空海は翌八二四（弘仁一五）年正式に造東寺長官となっている。

東寺創建はそれより三〇年程前、平安遷都の二年後の七九六（延暦一五）年に桓武天皇により、官寺として建てられたものだ。この時、平安京の南面の正門である羅城門をはさんで、東に建てられたのが東寺、西に建てられたのが西寺。奈良時代の平城京に東大寺と西大寺があったような感じだろう。

東寺が国公認の官寺であること、またそれが単なる宗教施設としての寺ではなく平安京を守る王城守護の拠点として重視していたことを考えると、空海がその長に任ぜられたというのは、官吏の間でも相当に尊重される僧になっていたことをうかがわせる。もちろん、そこには嵯峨天皇の強い一存があったと推察されるが。

この時、ただ単に東寺を空海が統括するということだけでなく、それにも増して大きな決定がなされている。ひとつの寺にひとつの宗派ということが認められたのだ。

従来の決まり事として一つに官寺には複数の宗派が同時に存在していた。しかし、東寺を空海に一任するにあたって、その決まりが打ち破られ、東寺が真言密教の僧だけを止《し》住《じゅう》させた専用の道場とすることを許されたのだ。今では当たり前とも思える一宗一寺となったのはこの時が初めてなのだ。

官吏の決まりより、統治者である天皇の一存である。

無名の一留学生の遣唐使として入唐した、官僧になったばかりの三一歳の空海は、それから約二〇年経って東寺に入った時点には、篤い信任を寄せてくれている嵯峨天皇を通じてとはいえ、既に国としての決まりすら覆すことが出来る程の存在となっていたのだ。

またさらに、護国の寺の意を高めるためもあり、空海はこの寺の名を〝東寺〟から〝教《きょう》王《おう》護《ご》国《こく》寺《じ》〟に変えることを求め、これを許されている。以後、現代においては〝教王護国寺〟が正式名称で、〝東寺〟はいわゆる通称となっている。

実は、東寺が空海に一任された時、西寺は「釈迦に提婆《だいば》、弘法に守敏《しゅびん》」という言葉さえあるように、空海の唯一の法敵とも言える守敏という僧に一任されていた。しかし、雨乞いの祈願を巡って、空海に守敏が破れ、また、先に見たように、平安京守護の拠点として、はじめ東寺、西寺と併存していたのが、東寺が教王護国寺と名前を改めたことで、立場として西寺をも超えたような形になったと見ることができそうだ。

ちなみに、八二三（弘仁一四）年に即位した淳和天皇は空海から提出された『三学録』を認める官符を発し、そこに公式文書として初めて〝真言宗〟という言葉が使われている。これをもって事実上の真言宗立教開宗といわれている。

天台宗の密教を「台密《たいみつ》」と呼ぶのに対し、真言密教のそれは「東密《とうみつ》」と呼ぶ。〝東密の東〟は〝東寺の東〟であろう。真言密教の教学は東寺を中心とするということになるだろうか。

真言密教としては、高野山は護国、修行・修禅のための根本道場として、東寺は〝教王護国寺〟として密教布教・護国の根本道場とせんと考えていたと思われる。

空海はこの教王護国寺、高野山を拠点とする国家守護を祈願する僧となり、国家においてその存在をさらに確固たるものにしていたのだ。

帰朝後の仏教界

帰朝後の仏教界においての真言宗開祖としての空海の動きを見ると、南都六宗に対しては、相対し、乗り越えていこうとするのではなく、融和をはかる態度に終始している。これは最澄がある意味、南都六宗と反目していたのとは趣を異にする。

空海と南都六宗との関係は、最澄が南都六宗に対するのと対照的なので、南都僧との関係から少し見比べてみたい。

最澄は従来の仏教の戒のあり方に異を唱えて独自の大乗戒壇《だいじょうかいだん》（戒を授けることの出来る施設）の設立をはかっている。これには南都を代表して元興寺《がんごうじ》の護命（ごみょう）僧正が反対しており、南都との敵対関係が生じている。また、法相宗《ほっそうしゅう》の徳一（とくいつ）という僧は最澄と論争をしており、最澄はその両者どちらに対しても悪い印象を持っていたことが、その著述から知れている。

空海には両者と敵対している様子は見られない。まず、護命僧正に対しては八二九（天長六）年に「元興（元興寺）の僧正大徳の八十を賀する詩」を贈り、八〇歳祝賀の宴を設けている。『性霊集巻第十』によると

護命は僧正として待遇されているが、本当の徳行は仏に近いのです。そこでわたくし空海は、その徳を尊んで、妙なる音楽で彩られた祝賀の宴を設けて、護命僧正の八十歳を祝ったが、親しいものも、仲のよくないものでさえ護命の高徳・長寿を歓びことほぐほどで、高邁な護命僧正は国の珍宝ともいうべき人なのです。

とある。このことを見ても両者の関係は良好だったと思われる。

空海は、八一四（弘仁五）年から自身が唐で学習してきた秘蔵の法門の書写、弘揚を、各所に書簡を送って依頼しているが、八一五（弘仁六）年には弟子の康守に託して、これに名香（仏前に焚くお香）一包みを添えて徳一に届けさせているが、その中でやはり徳一の人徳を讃え、菩薩とも称しているなど、空海の徳一に対する印象は最澄のそれとは趣を異にしている。『高野雑筆集巻上』によると

後七日御修法　毎年正月第二週8～14日には、東寺（教王護国寺）では天皇陛下の御健康、国家の安泰を祈願する御修法が行われている。

陸州徳一菩薩法前謹空
お香を一包同封致します。ささやかなものですがわたくしの誠意のある所を汲み取って下されば幸いです
重ねて謹空

とある。また、ある時の空海は、南都僧の罪の恩赦を願う上表文を書いたりもしている。このように空海は、総体的には南都六宗との関係も良好であったことをうかがわせる。

先立つ八一〇（弘仁元）年には東大寺別当に任命されているが、そもそも一念発起して唐に向かう以前、大学を

辞めて仏道修行に専念している時の空海は、経典論書を読むにしても、それを所蔵しているのは東大寺などの奈良時代からの官寺であり、修行も南都六宗の僧と交流しながらのものであったと推察されることもあり、南都の諸寺とはその当時からの付き合いがあったのだろう。

入定した八三五（承和二）年には真言宗年分度者三人を上奏し勅許（天皇の許可）を得ているが、これに対する南都の反感等は見られない。

同じ八三五（承和二）年正月に、〝御修法《みしゅほう》〟という今に伝わる国家の安泰を祈るための祈願祭の最初の一回を宮中真言院《きゅうちゅうしんごんいん》で執り行っているが、その奏上文をみると、南都の存在意義も説きつつ真言密教の深趣を説くなど、常に南都を否定することのなかった姿勢が南都からの反感を買うことが無かった大きな理由だろう。

またこれは〝後七日御修法《ごしちにちみしゅほう》〟というが、前の七日は何かというと、神事による祈願である。仏様ばかりでなく、神様に対しても敬意を持ってあたっているのがわかる。

神を祀る高野山

空海の神様に対する敬意と言うことでみると、それは高野山にもはっきりと現れている。高野山には現在、多くの堂塔が立ち並んでいるが、最初に着手されたのは何処だと思われるだろうか。それは〝御社《みやしろ》〟という神様を祀るところなのだ。

御社は壇上伽藍《だんじょうがらん》にあり、空海はここから高野山の整備に着手していったのだ。御社というのは神様をお祀りした所で、一種の神社。であるからここの正面には、神様を拝むための山王院《さんのういん》というお堂を挟んで、鳥居が立ち並んでいる。

ここに祀られているのは丹生都比売《にうつひめ》や高野明神《こうやみょうじん》といった、この地にもとからいた神様たちで、まずはこれらの神様たちを高野山の鎮守の神様としてお祀りして、七里結界《しちりけっかい》（結界とは、密教の修法によって、悪いものを持って来る外道や悪鬼が入って来られないようにした区域のこと。普通その結界は祈願をする寺院などの範囲だが、空海が高野山にはった結界はそれを遥かに超える七里にも及ぶものである）をはる。『性霊集巻第九』によると

御社　高野山は、神様を祀った、ここ御社から伽藍が建てられていった。

山王院　鳥居の向こうに見えるのが山王院。ここから、その向こう側に控える御社を拝む御最勝講（みさいしょうこう）などの祈願が行われる。

高野山の東西南北の四方八方上下、その全てにおいて、あらゆる一切の仏法を破壊する障害魔神や悪鬼神は、皆ことごとく、わたしの七里結界の外に出て行け。もし仏法を守護し、利益をもたらす八部衆の中の天・竜などの神々は思うがままに高野山にあって、仏法を守りたまえ

とある。真言密教の本拠地を創建するわけだから、仏さまのお堂をつくればいいはずなのに、なぜ神祇をお祀りしたのか、それも一番初めにと驚かれる人もいるのではないだろうか。

空海は入唐前の自然の中での修行を通じて日本古来のアニミズムや密教の「山川草木悉《さんせんそうもくしっ》皆成仏《かいじょうぶつ》」を体感し、自然やそこに宿る神仏に対して畏敬の念を深く持っていたため、まずはその地の自然、神祇を祀ったのであろう。

いわば神道と密教の融合だが、世界遺産である高野山からして、正確には〝紀伊山地の霊場と参詣道〟の一部であり、そこにあるのは古から今に至るまで続く、世界でも類を見ない異教融合の奇蹟だ。

これは『三教指帰』の中での、儒教、道教に対する姿勢で見られたものから変わらぬものので、更にいうと、こういった空海の包括観、受容性は曼荼羅にも現れているように、密教の特徴のひとつといえる。

こうして開創された高野山は、国家守護と庶民を利することを神と仏に祈願する場所として、また真言密教の僧侶の修行する場としての空海の思いのもとに育てられていく。

最澄との関係

さて、最澄とのことに戻る。日本に帰った空海の耳に、先に帰朝していた最澄が行った灌頂の知らせは入っただろう。しかし、先を越されたという焦りよりも、密教の本流はこちらにあるという自負が強かったのではないかと思う。

唐において密教の伝燈を継ぐ阿闍梨として、恵果阿闍梨の他に、最澄に密教を伝えた順暁もいたことは、空海も承知していたはずだ。その上で自分の求める教えをすべて伝えるのは恵果阿闍梨だと判断して、その弟子となって教えを請うことを決めたに違いない。

実際、恵果は幼少時に初めて会った時から、その師不空三蔵から密教の正統な継承者として嘱望されていた。『性霊集巻第二』によると

わたし恵果は昔、七、八歳頃、師僧に付従って不空三蔵にまみえることがあった。不空三蔵はわたしを見るや（わたしの密教僧としての資質に）非常に驚き、ひそかに告げて言うには「私の持つ密教の教えは、あなた恵果が、私の後を引き継いで弘めなさい」と。

とある。恵果阿闍梨の下には、千人を超える弟子がおり、伝燈を授かったのは六大弟子をはじめ、数人から数十人はいる。しかし、その密教の全てを授かり第一人者といえるのは、唐に残る義明と日本に伝える空海の二人。さらに恵果阿闍梨の葬儀取りまとめ役も託されていることからしても、空海の恵果阿闍梨の弟子の中での立場がわかろうというものだ。

空海には、自分が授かったものこそが正統な密教であるという強い自負があったに違いない。しかし、その思いは別にして現実には、空海帰朝時点では、密教の請来者《しょうらいしゃ》としての顔も持った最澄が、入唐前に比べ更に大きな存在として日本仏教界に君臨していたのだ。

空海が帰朝して三年経った八〇九（大同四）年から、密典を中心とした経典論書の借覧を通じた最澄との交流が始まっているが、この時の二人の立場・関係は、入唐前と変わらず明らかに最澄が上だ。

その関係に大きな変化が現れるのは、八一二（弘仁三）年の冬、高雄山寺で空海が灌頂壇を開き、灌頂を授けた時である。この時最澄は弟子の泰範、円澄、光定らと共に高雄山寺に赴き、灌頂壇に入壇。灌頂を空海から受けている。

これは何を意味するかというと、灌頂を授けた空海が師匠、授かった最澄がその弟子となったという厳然たる事実関係が出来上がったことを意味する。これで二人の間では立場が逆転したとも言える。

《弘仁三年一二月一四日高雄山寺において胎蔵灌頂を受くる人人暦名
大僧衆数二二人　僧最澄（興福寺・宝幢）……》

空海は、八二〇（弘仁一一）年、伝燈大法師《でんとうだいほっし》位《い》内供奉《ないぐぶ》十禅師《じゅうぜんじ》となっており、世間的な共通の物差しでみると、この点に関しては肩を並べたことになる。しかし、この頃になると、最澄は日本天台宗の開祖として、空海は真言密教の開祖として、それぞれが絶対的な存在として、相対的な比較が無意味となっている。さらにこの二年後には最澄が五七歳で入滅しており、二人が同じ時代を過ごしたのも終わりを迎える。

空海の視座

しかし実のところ空海は、壁ともなった、こういう人々に対し、はじめから個人的な恨みつらみを持つことはなかったのではないだろうか。個人の名前をあげつらって非難しているのは見受けられないし、天皇に対しては言うまでもないが、そのほかの誰に対する手紙など見ても、その呼びかたからして終始敬意を持って接しているのが見て取れる。「言うことなかれ人の短、説くことなかれ己の長」という座右の銘もあるが、つまるところ空海は、はじめから視座が違ったのではないか。

空海のスケールの大きさを、逆に仏の世界の大きさの記述などから見てみる。

山のごとき大きな筆で海のごとく大量の墨汁を含ませて書き、天地はその経典論書を入れる箱である

広い三千大千世界も歩くのには狭く、広い河や海もひと嘗めするのにも足

らない

とある。こういった世界観、大局観というのは、持って生まれたものもあるだろうが、その醸成には、密教の持つ三世十方に及ぶ理解や、求聞持法による実体験が大きく寄与していると思われる。

ここで少し脇道にそれるが、空海の視座に関して、その生誕地問題を見ておきたい。空海の生誕地として、これまで言われて来た善通寺の他に、海岸寺というお寺や、最近では畿内も候補として出て来ているようである。

空海は自身の生誕、成長の所について『三教指帰』の中で仏道修行者の仮名乞児の口を借りて語っている。『三教指帰巻下』によると

須弥山《しゅみせん》（仏教で世界の中心にそびえるとされる高山）の南方の人間の住むところの日の出るところである日本、そこは天皇が統治されており、（わたくし空海は）讃岐の国（今の香川県）の多度郡（今の善通寺市）屏風ケ浦の楠があるところに住んで、未だに思い描く所に辿り着けず、あっという間に二四年が過ぎてしまった。

とある。この誕生地問題は確かに大きなものであると思われるが、空海自身が南贍部《なんせんぶ》洲《しゅう》（須弥山南方にある人間の住む世界とされる）という仏の大局観をもって見ていることを鑑みて、歴史の風雪に耐えて生誕地とされている善通寺の辺りを誕生、成長の場として見ていてよいのではないかと私は思う。何よりそこには自分を生み、育ててくれた親の名を冠した「善通寺」があるのだから。

さて、大局観の極めつけとも思われるのは、次の言葉であろう。『性霊集巻第八』によると

虚空尽き　衆生尽き　涅槃《ねはん》尽きなば　我が願いも尽きなん

とある。これは、その晩年に万燈万華法会《まんどうまんげほうえ》（多くの灯明をともし、花を捧げて仏・菩薩を供養し、衆人の罪障を懺悔し、滅罪を祈願する法会。東大寺・薬師寺・高野山等のものが有名）を行った時の願文である。

この宇宙が無くなり、一切衆生が存在せず、覚りの境地さえ無くなり、仏がいなくてもいいような状態になれば、ありとあらゆるものを済い尽くすという私の誓願も達せられるという、途方もなく大きな視座である。

大欲に生きる

私の誓願。即ち私の〝大欲《たいよく》〟。欲というが、仏教では欲を持ってはいけない。欲を断たねばならない、とするはずなのに、空海はそれを持っていたのか、肯定するのか、これはどういうことなのか、と訝《いぶか》る人もあるだろう。

確かに空海の真言密教では欲を肯定的に捉えている。しかし、この欲は先に見たように、たんなる個人的な欲でなく〝大欲〟。

〝大欲〟の「大」は大きい、小さい、の大きいという意味ではなくて絶対という意味。〝仏さまの〟と捉えたほうが良いかと思う。つまり〝大欲〟とは〝仏さまの欲〟ということ。だから人の欲望を強くすることを求めているのではない。それでは逆に自我を強めることになってしまい、ここで言うところの大欲とはならない。大欲のためにはやはり我欲、エゴを離れることが必要となるだろう。

私の場合、相伝もあり祈願する時に個人の祈願を入れぬようにしているが、この点から見ても意味あることかなとも思う。

空海の考え方はスケールが大きく、はじめから空海個人のためといったものは見られず、常に、もっと大きな視座に立っていることがうかがえる。まさに大欲だ。

個人の欲としては、食欲、睡眠欲、性欲や承認欲、金欲などが考えられるが、空海の場合、そこには全くもってこだわりが見られない。

若い時は睡眠を削って勉学に勤しんでいる。異国の地の唐に渡ってからは、毎日口にするものも日本とはかなり違っていたはずだし、女性の容姿も違ったはずだ。しかし、そういった欲に関わるものの、文化による違いに対する記述などは全く見られない。

空海は、欲をより良く生きていく上でのエネルギーと捉え、これを大きく、大きく使っていくのだ。

これだけの世界観、大欲を持った空海からしてみれば、人間関係や決まり事などは、はじめから何とかなるさ、なるようになるさという些事に過ぎなかったに違いない。

5

革新家空海

多芸多才の天才

空海が行ったことというのは、単に真言密教という新しい教えを確立するという宗教界に於ける革新にとどまらない。それだけでなく、幾多の分野で数々の革新的なものを作り上げており、それらによる変革は、今なお日本社会に強い影響を及ぼしている。

革新家、革命家というとスティーブ・ジョブスやカストロなどが思いつくが、彼らは、明らかに革命、革新をおこして、社会を変革し、自己表現しようとしている。空海も革命、革新を狙って行動していったのだろうか。

空海という人、多岐にわたる革新的業績もあって、諸外国にあっては最もよく知られた日本人と言われている。日本国内でも、空海について現代日本の各界の第一人者の方々が、空海に対し様々な評価をしている。

これらの中で、イラストレーターの横尾忠則さんの空海についての想いを挙げてみたい。

「家では弘法大師様のことをなまって『おだいっさん』と呼んでいた。だからあの『おだいっさん』が『空海』だと知った時は少しがっかりした。親しみのある優しいイメージが『くうかい』ということになるとどうもインテリ臭くてたまらなかった。

事実、空海は多芸多才の天才である。僕が空海の最もひかれる部分は彼のマルチプルな表現能力だ。空海の一貫性に欠ける行動を批判する人もいるが、僕は人間は本来多重人格的要素を持っており、複数化された『私』が行動することこそ人間の本能ではないかと考えているので、非一貫性を認めざるを得ないのである。

空海の芸術表現を考えると頭に浮かぶのがダビンチであったり、ピカソやピカビアである。彼らは多芸多才であると同時に複数の様式を持っていた。現に空海は書においてありとあらゆる書体を書いている。つまり特定の様式を持たなかったのである。興味の対象の拡大、表現の多様性、主題の非連続性は小さな自我をさらに大きな自我へと発展させるプロセスには必要不可欠な要因であり、芸術家や宗教家が本来有している資質である。

このエッセイのテーマは『裡《うち》なる空海』ということであるが、人は全て裡に空海を秘めているのではないだろうか。空海の表現力にはどこか子供のそれに似ていて想像的で自己表現が強烈だ。それだけにまた自己矛盾に悩んだだろう。しかし彼のエネルギーの根源は正にここから来た絶対矛盾の自己認識というやつかもしれない。

そして空海の存在自体がマンダラ的である。ありとあらゆる要素を彼は自己の創造と形成のために取り入れる。そういう意味においても空海はトータルな人間像として実在を目指したのではないだろうか」


『空海の人間学――潜在能力を全開した天才』


空海がどんな人か知らない人でも、今出て来たレオナルド・ダ・ヴィンチという名前を聞いたことが無い人は少ないのではないだろうか。

それほど空海に高い評価を与えているのは、横尾忠則さんがよほどの空海信者で、身びいきがかなり入っているせいではないか、と訝《いぶか》る人もいるかもしれない。

何しろレオナルド・ダ・ヴィンチが描いた『モナ・リザ』、『最後の晩餐』は、まさに世界中で名画として知らぬものがない程である。その画家としての顔が最もよく知られているが、そのほかにも彫刻、建築、音楽、科学、数学、工学、発明、解剖学、地学、地誌学、植物学など様々な分野に超一流の業績を残し、〝万能人（uomo universal）〟という異名まである多芸多才の人である。

空海という人は、万能ぶりがそのレオナルド・ダ・ヴィンチに並び称されるほど、密教あるいはそれ以外の分野で顕著な業績を上げているというのだろうか。

革新～日本を担う人材の育成

武家社会が終わり明治時代に入って、福沢諭吉は慶應義塾大学を、新島襄は同志社大学を創設して教育によって新しい日本を担う人材育成を図ったが、空海もまた綜芸種智院《しゅげいしゅちいん》という学校を作っている。その開設にあたっては、空海の教育論が語られ、革新的な運営が行われている。

空海が綜芸種智院という学校を作ったのは、八二八（天長五）年、五〇代中盤の頃だ。入学資格は特になかったようであり、向学心のある人は身分に関係なく誰でも自由に学べる学校として設立されるが、まずは、これが当時としては画期的なことだった。

平安時代の教育制度は官吏養成のための機関であり、その頃の日本で教育を受ける資格があったのは、皇族、あるいは貴族、豪族といった特権階級のみで一般庶民には教育の場が閉ざされていたからだ。

〝綜芸種智院〟という名前についてだが、これは真言密教の根本経典のひとつ『大日経』からつけられた名前だ。〝綜芸〟というのは諸学問を綜べ学ぶことで、〝種智〟は一切智智（仏の智慧）を植えることを意味している。

綜芸という言葉が示しているように、綜芸種智院では、世の人々のためとなると思われる陰陽道や法律、医学、音楽……ありとあらゆる学芸をそこで学ぶことが出来たという。

『性霊集巻第十』によると

儒教や道教、陰陽道といった九流の教えや、五礼、六書などの六芸は人を済《すく》ってくれるもので、十の仏の教えの十蔵や声明、因明、医方明、工巧明、内明の五明は人に利益を与えてくれる宝のような物だ

とある。それに比べ、従来の教育機関では、儒教等、ある決まった科目だけが学ばれ、このようにいろいろな分野の学問が学べるようにはなっていなかったのだ。

なぜ、様々な分野の教育をしようとしたかという理由について、料理や音楽にこと寄せて、ひとつに偏らない、色々な学問を兼学する必要性を空海は語っている。『性霊集巻第十』によると

仏さまも仏教の学問と世間の学問とを兼学して偉大な覚りを成就しているし、賢者たちも様々な智慧を見せていっている。そもそも、どんな料理でも五味（甘・酸・鹹・苦・辛）のうち、たったひとつの味だけで美味しい料理を作っている物は無いし、五音（宮《きゅう》・商《しょう》・角《かく》・微《ち》・羽《う》…ドレミのようなもの）のうちの一音だけで妙なる曲を作っている物は未だありません。社会で身を立てるための要諦、国を治める方策、そして生死の苦海から脱するのも、この学藝兼学によるのです。

とある。

そもそも、なぜこういった学校を作ろうとしたか。その設立理由ふたつを〝綜芸種智院の式〟というものに記している。

ひとつには、教育の重要性を挙げている。『性霊集巻第十』によると

社会の興亡は人あってのことであるし、その鍵を握る、人の浮き沈みは、どの教えの道を行くかにかかっている。

とある。もうひとつは、国家を担う人材を育成するためであるとして、唐のあまねく教

えられる充実した教育制度で人材が育っていることに比べ、我が国ではそういった制度になっていないため、その制度をつくるためであるとしている。

空海が学校教育を受ける立場にあった時のことを考えると、一八歳で入学した大学を一年程で中退している。その理由は『三教指帰』に記した所によると、仏道修行に専念するためというのが大きいように思われるが、それ以外にも学校の空気になじめなかった面もあるのではないかと思う。

当時、既にあった学校の場合、そこに入ることが出来る人というのは、格式のある家の出で、経済的にも余裕がある皇族や有力豪族の子弟であり、その学校は官吏養成機関としての性格が強いものであったようだ。周りで学ぶ人達に比べると、格式面では空海の家は、低いとは言えないまでも、中央と比べるとやはり遜色があったであろうから、そこに引け目を感じることもあったのではないだろうか。

教えられる学問についても、官吏のためのものだけでなく、もっと広い分野のことを学びたいという思いがあったのではないかと思われる。

また、自分だけでなく、同じような思いをしているであろう他の学生や、学ぶ機会さえ持てない人にも思いを馳せての学校創設だったのだろう。

つまり、格式的、経済的に恵まれた一部の特権階級だけが教育を受けられる当時の状況を良しとせず、自分の理想に沿った、幅広い層を対象とした教育機関を作って日本を担う人材を幅広く作ろうという意図から、入学資格を特に定めない学校作りを、我が国で最初に始めたのが空海なのだ。

それを実際に作るにあたり、きっかけとなったのは、やはり唐で見た学校の姿だろう。唐の都長安では、学校は広く門戸を開放して幅広い人材の発掘、育成を図って国力増強を考えていた。そういった具体例を見ていなければ、自分が受けた教育に対する不満を解消しうるような綜芸種智院の開設までは考えなかったかもしれない。

さて、幅広い人材による、幅広い分野の学問を学べる綜芸種智院を作ろうとした空海だが、その実際の教育に際して、教育機関の効果を高めるために四つの条件を挙げており、その四つの条件が揃って初めて教育効果が現れるとしている。

空海の考える教育効果を生む四つの条件とは、一　教育環境、二　人文自然のあらゆる学問、三　良い教師、四　衣食の援助（処・法・師・資の四縁）の四つだ。今、それらについて見てみたい。

一　教育環境（処）

綜芸種智院の所在は、空海の帰依者の一人、藤原三守（ふじわらのみもり）が京都左京区九条の二町歩の土地と邸宅を寄進したところだが、まずはその寄進に対して、インドの須達多長者《しゅだったちょうじゃ》が多額のお金を出して土地を求めて仏に献じた故事『大唐西域記《だいとうさいいきき》巻六』を引き合いに出して、寄進者の藤原三守に対し感謝している。

寄進された土地については、その教育環境（処）の素晴らしさを述べている。『性霊集巻第十』によると

清らかな湧泉や小川に囲まれ、松竹を揺らす風の音は琴のようである。春雨に濡れる梅や柳の木は錦の彩りで艶やかで、春は鶯のさえずりが聞こえ、秋には雁などの鳥が飛び来る。夏の暑気は除かれ涼やかに過ごすことが出来る。都にあっても僧俗が散策するような非常に閑静な趣を持つ土地で、環境として理想的なところである。

とある。

二　あらゆる学問（法）

あらゆる学問が学べると言うことに関しては、先に〝綜芸種智院〟という名前の由来で述べられているのを見たように、その名がそのままこの理念を表し、ひとつの大きな特徴ともなっている。綜芸すなわち様々な学問教育が試され、それによって智慧が生まれることを目指しているのだ。

三　良い教師（師）

一の良い教育環境と二のあらゆる学問を活かすために必要なものとして、良い教師を条件の三つ目に挙げている。

そこでは良い教師招請の必要性をまず述べている。『性霊集巻第十』によると

どんなに教育環境が良く、様々な学問の文献が揃っていても立派な良い師がいなければ、その理解はおぼつかなくなってしまう。ですから、まずは

良い師に来てもらわないといけないのです。その師にも二種類あって、仏経を伝える師（道）と世間一般を伝える師（俗）であり、この二つからの教えは別物ではなく、併学しないといけないというのは、わたくしの師僧（恵果阿闍梨）の教えなのです。

とある。さらには、その教師自身の心構えにも触れており、『性霊集巻第十』によると

慈・悲・喜・捨の利他の行（四量《しりょう》）、布施・愛語・利行・同事の利他の行（四摂《ししょう》）の心をもって指導を行うべきである。また、生徒の身分に拘らず労苦を厭わず指導しなければならない。これは世間一般の学問を指導する場合も同様である。

とある。教師たるもの、利他の心を持って教育にあたることが大事ということを言っている。

その利他の心による教導について『性霊集巻第十』によると

釈尊は、衆生は皆ことごとく吾が子なりと言い、孔子は皆兄弟であると言った。教師たるもの、その心持ちで指導にあたらなければならない。

とある。

四　衣食の援助

『性霊集巻第十』によると

教えの道を弘めようと願うなら、必ずそこに集う僧俗、教師と生徒といった学道を志すものには食事を与えなければならない。

とある。何をするにしてもまずは食の確保が必要だと言っているが、これまた当時の教育機関にあっては革新的なことだったようだ。もちろんその実現のためには、資金が必要になってくるが、そのための費用の寄付も空海はみずからお願いしている。

このように学校の基本指針を定め、一部特権階級だけが知識を持つのでなく、日本全体としての底上げを考えて、教育分野での革新を図ったのだ。

日本最初の漢和辞典

教育に関しては、綜芸種智院設立だけでなく、その他にも色々な動きを起こしている。

綜芸種智院設立に先立つこと一〇年近く前、四六歳の頃に『文鏡秘府論《ぶんきょうひふろん》』六巻を著作している。空海は自分で詩文を作るだけでなく、そういった詩文をどのようにして作れば良いかを教えて欲しいという弟子など周りからの依頼に応えて、その作り方を説明したものだ。

また、空海は日本最初の漢和辞典『篆隷万象名義《てんれいばんしょうめいぎ》』三十巻を編纂している。

これらが作られたことは、詩文、漢字に親しみ、活用している官吏等の人達にとって非常に助けになったと思われる。

サンスクリットをもとにして

空海の教育に関する動きについては、平仮名を創作したという伝承や、いろは歌の作者ではないかという説もある。

仮名文字そのものの創作についての真偽は未だ定かではない。しかし、五〇音からなる仮名の体系については、インドの言葉のサンスクリットを基にしているのではないかと言われており、そこに空海の関与が指摘されている。

また、いろは歌も、『釈日本紀』などみると、これを空海の作であるとしている。その論の他に、これはもともと真言宗系統の学僧の間で学問的用途に使われていたもので、それが世間に流布したことを考えあわせて真言宗の僧侶、特にその開祖である空海が作ったのであろう、という論もある。

仮名文字やいろは歌に、空海はどれほど関与していたのだろうか。

教育、文化面で革新といえるものは、書についても見られる。

まず、空海の書の研鑽は入唐前、幼少期からだったのか、入唐上陸時点で既に書の本場の官吏を驚かせるほどの高いレベルにあったことが知られている。加えて、入唐後、その都長安においても書の達人について習っている。そこで書の極意についても聞かされたという。『性霊集巻第三』によると

書の極意は心を万物に散じて、万物の形を字勢に込めるにある。六〇余種ある文字の体は、万物に感じて作られたものである。書というのは古い書体に似ているのが良いのではなく、その真意を学びなぞらえるのが良いのだ。このために能書と呼ばれる書の達人はそれぞれ書風が異なっているの

だ。

とある。その書き様からは、書の奥義を教えられ、自ら極意を掴んだとして、言わば私の書く物はすべて新たなる「空海流」であるとの宣言であるように思われる。

意識は別としても、実際に書かれたものをみると、飛白体《ひはくたい》をはじめ、その書にはオリジナリティが溢れているように感じられる。

空海流書体の創造。これも確かに空海の成した革新のひとつだろう。

根本大塔は空海の世界観のあらわれ

空海の本流の業績となる密教に関してみると、密教の日本への請来はそれ自体が革命的事柄だが、それだけでなく、密教そのものについても革命を起こしているのだ。

入唐した空海は、密教を恵果阿闍梨から授かる。それは、従来の仏教の教えとは異なる面が多く、また、空海以前に日本にあった、いわゆる〝雑密《ぞうみつ》〟と言われるもののように断片的、種々雑多な密教とは違い、全体として系統だち、正式な伝燈の流れをもつものであった。

密教はそれ自体が革新的なものであったため、その日本での弘法に際して、いかにしたら、それが受け入れられ、弘めることが出来るかということに関しては、空海も十分に意を払ったことだろう。

八〇六（大同元）年に、唐から帰国した後、入京を許されず九州太宰府などに留め置かれ、八〇九（大同四）年に京に入るまでの約三年間は、授けられた密教の咀嚼《そしゃく》、体得にとって貴重な時間となったに違いない。そして、その過程で、唐で伝授されたものを、日本ではどういった形で伝法、弘法すれば良いかという戦略を練る上でも有意義な時間となっていたと思われる。

実際、恵果阿闍梨から授かったものを全くそのまま、何も手を加えずに弘めたわけではない。その教えをどのように伝えるかという方法論において独自の味付けをしている点がいくつも見受けられる。その典型的な例を挙げると、高野山にある根本大塔《こんぽんだいとう》が考えられる。

根本大塔が位置する高野山は、真言密教を志すものの修行の場、国家の安泰を祈願する場として開創されている。そのことからすると、空海は自分の弟子達にまずは密教を体得させるために、この根本大塔を作ったとも思われるが、真言密教を更に伝えていくためにも意義深いものと言える。

今日のように世界中の人々が訪れる場となってからは、さらに一般の人にとっても密教について感じることの出来る機会を与えてくれている。

さて、単に塔といわれてどんな形のものを思い浮かべるだろう？　パリのエッフェル塔やピサの斜塔だろうか、或は仏塔といわれたときは、法隆寺や東寺の五重塔のようなものが思い浮かぶだろうか。

高野山の二つの聖地、パワースポットのひとつとして壇上伽藍があるが、その中心に目にも鮮やかな朱色をまとった建築物があり、それが根本大塔《こんぽんだいとう》といわれるものである。

その形は仏塔としても、それまであった形のものとはひと味違った形になっていて、密教の請来元であるインドや中国にもこういった形の塔の前例は見られない。これは、密教の世界観を空海なりに表現しようとしたものだ。

建築学者の武澤秀一氏がそれについて興味深い解釈をしてくれている。その解釈の是非

根本大塔　高野山の伽藍に聳える根本大塔。左手に見えるのは御影堂。

は今わからないが、空海独自の思想が込められているのは確かであろう。

その姿を見ると、大きく分けて二層構造になっているように見える。下の層は方形、上の層は団形でその上に屋根がついた形になっている。

因《ちな》みに、密教に五輪塔《ごりんとう》なるものがあり、その形は下から、方形・円形・三角形・半月形・団形となっており、それぞれが、地・水・火・風・空を表している。

根本大塔はその下層の地・水・火を表しているのだろうか、いやそれでは中途半端だ、方と円で金剛界、胎蔵の二つを表しているのか、それとも武澤氏が言うように宇宙の卵なのだろうか、などと空海の意図を勝手に想像するだに楽しいものがある。
高野山に行かれることがあれば、空の青さにとけ込む、白や朱色で彩られた大塔の美しさを堪能してみるのも一興だろう。

さて、もう一つ、空海独自の密教の表現として、わかりやすい例を挙げると、東寺講堂の立体曼荼羅がある。東寺は、平安京の一部として位置していたこともあり、高野山の根本大塔とは違い、創建当時から幅広い層の人々が見る機会があったと思われ、その立体曼荼羅の意義を感じる以前に、人々は密教という新しい教えが請来されたことの現実を正に目の前に突きつけられた感じだっただろう。

東寺講堂には二一体の仏像があるが、平安末期の三十三間堂の仏さまのように多くの仏さまを整頓して並べてあるだけのものではなく、また、三尊形式のように仏さま同士の関係性を示したものでもない。東寺のそれは大日如来という密教の根本仏を中心として、ある一定の理論に従って仏さまが位置して、その世界観をも表しているのだ。
曼荼羅はそれ自体、密教に特徴的なもので、空海は唐からこれを持ち帰っているが、それは平面に描かれたものである。数多くの仏さまが一堂に描かれたものは、それだけでも観る者を圧倒するが、それが立体的となるとさらに観る者をして、密教の世界に誘ってくる。

こういった仏像による立体的な曼荼羅は、密教の曼荼羅としても、これまた請来元であるインドや中国でもなかなかお目にかかれないが、この立体的に表された状態は、行者が観想する世界に近い。

空海は、常に山中等で瞑想瑜伽を楽しんだというが、その法悦の世界をなんとかして、皆にも感じてもらい、密教の世界へと導きたいと言う思いから生み出されたものであるのだろう。五重塔の内部にも同様に空海の世界を感じられるだろう。

高野山根本大塔の中や東寺講堂の立体曼荼羅は、出来れば写真などで見るのではなく、実際にご覧になることをお勧めする。そこに足を踏み入れると必ずやその密教世界に深い感動を覚えられるはずだ。そのとき、そこは単なる観光地から、あなたの癒しの場になるに違いない。

さて、このような密教の独自解釈、弘法の手段の取り方は、ひとり空海のみのものではない。

まず、空海の師である恵果阿闍梨も独自の密教世界を広げている。現在では〝両部不二《りょうぶふに》〟と言って、密教の根本経典として『金剛頂経《こんごうちょうきょう》』と『大日経』の二つが並び立っているが、それまではそれぞれが別の流れとして伝えられていた『金剛頂経』系の金剛部の密教と、『大日経』系の胎蔵部の密教の両部を止揚し、〝両部不二〟としてまとめ上げたのは、空海の師である恵果阿闍梨である。

空海はそれをさらに確立させていく役割も担っていた。

数々の革新的行動

しかし、数々の革新的行動の反面、よく見ると頑固なまでの守旧の一面も見られる。書について見てみると、唐でも書の研鑽を積んでいるが、研鑽にあたっては入唐時点で見せていた既に高いレベルにあった技量をもって、日本より豊富にある能書の数々を手本として自分で修練するのではなく、わざわざ先生についてその基本を学んでいる。

空海は書の技量だけでなく、その指導法、その人となり、と何でも吸収したかったのではないだろうか。

さらに「口訣《くけつ》を聞く」と書の奥義を教えられたというのは、そこにいたる基本がすべて出来て、教える方としても、もう教えることが無くなったので奥義を教えたということだろう。そこまでしても、基本、基本という姿勢がうかがえる。

こういった姿勢は詩文の面でも現れている。

例えば、『三教指帰』で儒教・道教・仏教を比較して論ずるに先立って、それぞれについて関連書籍類を余すところなく読破した上で書いていることが、文中の引用等によってうかがうことが出来る。

『御請来目録』に記された経典論書のリストを見ると、それ以前に日本に既に将来されていたものと重複するものがほとんど無い。ただ単に名前を知っていたばかりでなく、それらを咀嚼していたことは、先に見た『三教指帰』で、各書物から適切に内容を引用していることを見てもはっきりしている。

『三教指帰』は、親族に対する出家宣言のため、物語風に書かれているが、その実、著述にあたっては学者のようにそれまでの資料を充分に吟味してかかっているのだ。

密教に関しても、堂塔や曼荼羅といったものについて、それまでに見られない独自の密教表現といえるものを創造しているが、これはあくまで密教の理解を助けるためのもので、恵果阿闍梨から伝えられたものに、何も足さない、何も引かないそのままの密教がそのベースとなっているのは言うまでもない。

密教伝授の際の恵果阿闍梨の言葉に

「今ここに日本から沙門が来て、仏陀の覚りについての教えを求めたので、金剛胎蔵両部の秘密深奥の教えと、修行する道場に関することと儀式作法について、それに印契の結び方を伝授した。この沙門は、中国語とインド語のどちらにも通達し、伝えた教えを悉く心で受け止めた。それはまるで瓶から瓶へ水を移すように一滴残らず、ありのまま伝授されたのだ」と教えを授けて下さった恵果阿闍梨がおっしゃられた。

とある。

寺子屋の原型

空海の行った革新について見てきたが、そこにはどういった意図があったのだろうか。平仮名創作に関しては、仮名文字は万葉仮名（借字《しゃくじ》）がその始まりで、漢字を省略あるいは草書化して出来ている。或は、ヘブライ語をルーツとしているとも言われている。仮名文字が出来ていく大きな流れはあったわけで、わざわざそこに力を注いだか疑問ではある。

父方の佐伯氏は大伴一族の流れを持っており、古代日本で由緒正しき、高貴な家系の一つと言われている。一族からの数ある輩出者のうちに『万葉集』の編者である大伴家持《おおとものやかもち》がいた。没年が七八五年なので、空海が一一歳の頃まで在世していたことになり、直接の交流の有無にかかわらず、空海の心境に何らかの影響を与えたかもしれない。

仮名文字そのものの創作者については置いておくとして、空海が考えたのは、仮名文字をいかにしたら弘めることが出来るかということだったのではないだろうか。

仮名文字を理解、記憶吸収するにしても、まとまった体系があった方が容易になる。それをサンスクリットの体系を参考にして、空海が造ったのではないかということが言われている。

そもそもサンスクリットは密教経典に書かれているため、門外漢にとっては不要、また目にすることの無い言葉である。そのことから、誰がその体系を考案したかと考えてみると、密教経典でサンスクリットに慣れ親しみ、それ以前に般若三蔵から語学としてのサンスクリットを学んでいた空海が寄与したのは間違いないのではないだろうか。

同様にいろは歌の制作意図も、仮名を覚えやすくするにはどうしたら良いかと思いめぐらせて作られたものではないかと思われる。そんな仮名の理解、吸収のための意図は無く、単なる歌だというのであれば、わざわざ仮名四八文字を重複することなく組み合わせて作る必要性はないのではないだろうか。

日本独自の思想表現手段として、それまでの漢字から、仮名文字が創作されて来たが、それを利用しているのは依然として官吏などのみ。思うに五〇音からなる仮名の体系化にせよ、いろは歌にせよ、その作られた目的は仮名の理解、吸収をしやすくするためであり、その利用対象は、それまで思想表現などの手段としての言葉を持たなかった一般庶民。そこに想いを馳せたのはやはり空海ではなかったかと思う。

文芸面に於ける革新として見た、綜芸種智院開設や『篆隷万象名義《てんれいばんしょうめいぎ》』などの編纂《へんさん》、仮名文字に関する創作、いろは歌、これらすべてに、ひとつの流れ、ある想いが感じられる。まず、周りからの依頼で詩文の作り方を記した『文鏡秘府論』六巻を著作、さらに日本最初の漢和辞典『篆隷万象名義』三〇巻を編纂した空海だが、それによって恩恵を蒙ることが出来たのは漢語をそれまで使っていた官吏である。

しかも、それは道具としての漢語の活用法といった意味合いを持つに過ぎないと考え、次にそれを使っていかに教育するかということに思いを馳せる。その際には教育対象も広くなければならないと考え、学ぶことの出来る対象を拡げた綜芸種智院を作る。

門戸を拡げ、経済的にも支援するとは言え、一般庶民にしてみれば日々の生業もあり、学ぶことは実際問題として難しい。さらに貴族など基礎素養がある者はよいが、一般庶民は読み、書きといった基本のきの字から始める必要があることに気付き、その対策を考える。そこで、先の万葉がなから育ってきはじめている仮名文字が普及すれば、学ぶ上で大きな助けになるのではないかと考え、仮名の五〇音体系を整備し、いろは歌をつくってその普及を図ろうとしたということではないだろうか。

江戸時代に藩士のために藩校があり、そこで学べない町民などのために、読み、書き、そろばんといった学習の基本を学ぶことが出来る寺子屋があったことを考えれば、空海のいた平安時代、さらに低かったと思われる一般庶民の基礎学力、というより意志表現手段をまずは持たせようという想いから、仮名文字の普及に意を尽くしたのだろう。

教育を考える上でも、その基本、土台造りが重要だと考えたのだ。

この基本、土台作りを徹底する姿勢は、密教についても同様である。空海は、唐に行く前、いやむしろ唐に行かんと決意する前に、仏教関連の経典論書を読み漁っていた。いや仏教だけでなく、儒教や道教についても徹底して知りうる限り調べ上げている。

自分の還源の想いを満たしてくれるものが、そこで見つけ得ることが出来ればわざわざ唐に行くことも無かったかもしれない。しかし、そこで答を見つけることが出来ずに、悩み続け、修行する中、求聞持の体験で見つけた一筋の光だったが、そこから更に、いくら山林修行を重ねてもその光の元の正体が見えて来ない、そんな想いが積もりに積もった時に夢告で見つけた『大日経』。

空海としては、はじめから新しい物を求めていたのではなく、旧来の教え、技法などを尊重し、そこにまだ埋もれた宝は無いかと徹底して学び、追求していく中で、結果として辿り着いた先がいずれも革新的なものだったということだろう。

空海の場合、はじめから狙った革新ではなく、いわば温故知新によって、革新路線に進むことになったように思う。

温故知新による革新

空海の温故知新による革新的姿勢は、先にも見た、文芸に関する空海の次の言葉にも見て取れる。『性霊集巻第三』によると詩を作る者は古人の作った詩の文体について学ぶことがその真髄であり、古い詩を写すのが良いのではない。書もまた、古い時代の書の真意を学びなぞらえることが良いのであって、古い時代の書体に似ているのを勝れたものとしないのだ。

とある。形を真似るのが大事なのではなく、そこから一歩進んで、そこに込められた真意を学びとることが大事であると言っているのだ。

空海は結果的に、自らの手で革命、革新を起こし、当時の社会に一石を投じることになった。それは、単にひとつの時代、一石ではなく、日本社会に精神的支柱を作り、後々の世にまで影響する大きなうねりともなった。

現在、仮名文字は当たり前のものとして、いろは歌も必要としない程に普及している。学問の基本となる幅広い底辺は確立された、その上に立つ更なる高等教育において、真言密教をはじめとする教育機関でどれほど空海の教育理念は生かされているのだろうか。そして、空海は自分が考えた教育に関することの現状をどう感じているのだろうか。

未来の日本に向け、色々な分野での改革が言われているが、やはり国家百年の大計として教育をどうしていくかについて、熟慮、断行していかなければ、このままでは日本としてのお国柄は衰退の一途をたどっていってしまうのではないだろうか。

綜芸種智院に見る空海の教育理念は、現在どれほど活用可能かについてはわからないが、それよりも真言密教の中の作務や基本的修行の善用といった空海がもたらした教えの活用に期待したい。

そして、そこを柱としながらも、空海が言うように、そこに先立つものという観点に立って、為政者の方々には経済問題なども論じていって欲しいものだ。

6

リアリスト

古代インド学問の五明

宗教の開祖というと、世間の俗事から離れて超然としている人。或は神仏に縋《すが》り、正体のわからないもので人を引きつける人などといったイメージがもたれることもある。そんなイメージとは逆に、空海は結構なリアリストとしての一面を持ち合わせていたようだ。

空海は、故郷の讃岐の国（現在の香川県）にある万濃池《まんのういけ》（現在名：満濃池また満濃太郎）の修築工事の監督者である修築別当《しゅうちくべっとう》に補任されている。

満濃池は当時で周囲二里二五町（約八・二五㎞）であったそうだが、その後も幾度か増改修を行い、現在は周囲一九・七㎞となり、ダム湖百選、ため池百選、日本の音風景百選などにも選定される日本最大の灌漑用ため池である。

修築工事の時にさかのぼってみると、八一八（弘仁九）年に大決壊した修築工事は一向に進捗せずにいた。決壊から三年経った八二一（弘仁一二）年、白羽の矢がたてられたのが、当時四八歳だった空海だ。

この五年前八一六（弘仁七）年には高野山を下賜されてその開創に着手されており、二年後の八二三（弘仁一四）年には東寺を給預されて、真言密教のための修行、弘法の根本道場が整備されつつある最中のことだった。

三年かかってもどうにもならなかった満濃池修築工事は、空海によりたった三カ月で無事完了する。

何故、専門家でもお手上げだった難工事がうまくいったのか？

その理由として当時最新の技術力が考えられる。空海が唐に留学中に学んできたことの中に古代インドの学問である「五明」というものがある。このうち工巧明という工芸・技術・算暦に関する学問があり、ここから土木に関する知識も得ていたのだろう。

また、机上の理論だけでなく、長安では実際にその高い技術力を駆使した工事を目のあたりにする機会もあっただろう。その技術指導もあって工事が無事竣工したと思われる。

空海は、翌八二二（弘仁一三）年には益田池の工事にも関わっている。益田池は現在では消滅しているが、奈良県橿原市にあった灌漑用の貯水池で、長さ二〇〇メートル、幅三〇メートル、高さ八メートルの堤防を高取川に築いて水の流れをせき止めて作られたものだと言われている。「工事竣工碑文」を空海が作っていて、実際にこの時の工事にどれほど関わったか判然としていないが、技術の助言くらいはしたのではないかと思われる。

教育よりまず食

綜芸種智院についても、空海のリアリストの一面があらわれている。空海独自の教育論を単なる机上のものとするだけでなく、実際の教育機関として設立してその実践を図っているのだ。

また、綜芸種智院をつくるにあたり挙げた、教育機関の効果を高める四つの条件のひとつとしているのが「衣食の援助」。『性霊集巻第十』によると

一切の衆生は食に依って生きているというのは釈尊の教えであるから、教えの道を弘めようと願うなら、必ずそこに集う僧俗、教師と生徒といった

学道を志すものには食事を与えなければならない。

とある。教育論を語るだけでなく、実際に綜芸種智院を創設してその教育を実践する場を設け、さらには、衣食の保証までするという、現実を見据えた対処をしているのだ。

そして、教育であれ何であれ、その前にはまずは食が大事だとしているが、それについても単なる理想論で終わらせないようにするために、必要な費用を用立てんと、空海自ら寄付のお願いにまで動いている。『性霊集巻第十　綜芸種智院の式』によると

わたくし空海は、平素から質素な暮らしを心掛けており、未だに綜芸種智院のための費用がまかなえていません。もし国のためを願い、人々の利益を思い、菩提心をお持ちの方は、わずかばかりの物でも良いので寄付して、わたくし空海の願いにお力添え下さい。いつの世にも生まれ変わり生まれ変わりして、仏道によって一緒に衆生の救済をして頂けないでしょうか。

とある。

鉱石に精通していた空海

リアリストとして、実学ということで見ると鉱石にも精通していたということが挙げられる。そのことから空海のことを、錬金術師、冶金《やきん》師であると呼ぶ人もある。

空海の時代の我が国の鉱物の活用を見てみると、日本最古の貨幣と言われる〝和同開《わどうかい》弥《ちん》〟が八世紀初頭に作られている。七世紀後半天武天皇の時代には既に銅銭、銀銭が使われていたことなどを、『日本書紀』が伝えている。

また、空海の生まれる二〇年程前、七五二（天平勝宝《てんぴょうしょうほう》四）年に開眼された奈良の大仏は銅で作られている。また、その鍍金《ときん》には水銀と、陸奥国から献上された黄金のアマルガムが使われている。

大陸に目を向けると、唐代は錬金術が盛んに行われていた様である。空海入定の八三五年より少し後、八三八～八四七年に入唐した円仁（えんにん）の記録によってもそのことが触れられている。

円仁の書いた『入唐求法巡礼行記《にゅうとうぐほうじゅんれいこうき》』によると、天下のあらゆる僧尼で焼練《しょうれん》（錬金術）、呪術、禁気（妖術）を良くするものなどの還俗《げんぞく》（僧侶から俗人に戻ること）が命ぜられている。

このことからすると、円仁の四〇年程前に空海が渡唐した頃には、錬金術が仏教寺院で盛んに行われていたのではないかということが推察される。

そういう状況下では、空海もわざわざどこかに赴かずとも、寺にいれば、そういった錬金術に触れることが出来たのかもしれない。

また、空海は唐に渡る以前から道教に造詣が深かったのは『三教指帰』からでもわかることだが、山岳修行中に既にこういった道術で使われる鉱石、錬金術などに触れていたことが考えられる。

鉱物には、和同開珎の造幣や、大仏の鍍金という無機物としての使い方の他に、この時代、変わった使われ方もしている。ある種の薬としての水銀などの利用である。

水銀は、中国道教の術によると長生術《ちょうせいじゅつ》や煉丹術《れんたんじゅつ》（不老不死になれる仙丹を作る）の妙薬になるという。『三教指帰』で三種の教え、即ち儒教・道教・仏教の教えの比較検討をしているが、それほどまでに道教の知識も十分に持っていた空海であれば、道教のこういった調身の知識も当然あったはずである。

ところで、空海は悪瘡が出来て、死をも覚悟したことが幾度かあったようだが、そうなったのは、道教の術として水銀を摂っていたせいではないかと推論する向きもある。当時、水銀は丹生《にふ》と呼ばれ、長生術や煉丹術の妙薬と考えられていたため、金や銀よりもその価値が高かったとも言われる。

歴史地理学の権威、松田壽男《まつだひさお》氏は、丹生都比売神社《にふつひめじんじゃ》は、高野山への入口のひとつとしても深い関係を持つが、この丹生という地は昔、水銀技術者集団が住み、水銀採掘に従事した場所であると推論している。調査の結果、高野山の七里結界の霊域は全て巨大な水銀鉱床であることがわかり、さらには四国にも多くの水銀鉱脈があったことを突き止めている。

空海がそれらの地で修行したことが知られていることも考えあわせ、鉱山師、冶金師として位置づけている向きもあるようだ。

空海が、長生術や煉丹術の妙薬として水銀を摂取していたのではないかという推論に関して、例えばそのまま摂っては害をなす梅が、梅干しとなると逆に滅菌作用が生まれるように、毒をもって薬となすことが出来るやも知れないが、水銀に関してはその可能性はかなり低いと私は思う。

水銀摂取というと四大公害病のひとつ〝水俣病《みなまたびょう》〟が思い浮かぶが、水俣病とは、工場排水から出たメチル水銀化合物が魚の体内に入って蓄積し、それを食べた人がこの中毒性疾患になったとされるものだ。

症例を調べてみると、水俣病は四肢《しし》末端《まったん》の感覚障害、運動失調、視野狭窄、中枢性聴力障害を主な症状としており、基本的に脳・神経細胞に障害をきたしているのがわかる。

しかし、空海はその著述を見る限り、また京都と高野山との移動等見ても、最晩年に至るまで、思考明晰、健脚を保っていたと考えられる。とすれば、水銀をとっていたということはないだろうと私は考えている。

ただ、少なくとも空海が鉱石に精通していて、一般人が知る以外の活用法について知っていたということはありそうだ。『般若心経秘鍵』によると

医術に精通した人から見れば、様々な物が薬となる。宝物を知る人は単なる鉱石にも、そこに隠された宝に気づくことが出来るのだ。

とある。故に水銀以外の鉱物を道教の長生術として摂っていた可能性はまだ残っていると思うが、それ以前にもっと即物的、現実的な使い方をしたのではないかと思う。それは入唐のための資金源としてである。

二〇年分の入唐、留学費用は家族親族からの援助がまず考えられるが、それ以外にも、鉱物をもとにした収入や、或は冶金師たちとの交流、後援をこれに充てたことも可能性として充分あると思う。

僧侶と薬学

医術・薬物に関する知識もリアリストの一面として挙げられるだろう。

聖徳太子や光明皇后《こうみょうこうごう》が作った施薬院《せやくいん》、悲田院《ひでんいん》などの施設にしても仏教の慈悲の思想に基づいて怪我や病気で苦しむ人を救うために作られたとされ、仏教あるいは僧侶と、薬学、医療は不可分のものであったのだろうと思われる。

また、この頃の仏道修行者は、先の奈良時代同様に寺で経典を学び、修行するほかにも山野に入って拝むものが多くいたようで、そうなってくると自然の中での怪我や病気に際しては、自分で対処しなければならないことも多かっただろうから、僧侶自身のためとしても医療に関する知識を備えておく必要があったのだろう。

医療と言ってもこの場合、薬草に関する知識などの民間療法であり、その他では呪術によるたたり祓いでの病気回復を祈願するといった類いのものが主であったようだが。


当時の社会を見ても、宮廷に典薬寮《てんやくりょう》という医薬に関する部署が置かれている。僧侶と医療の繋がりの例を見てみると、物部韓国廣足（もののべのからくにのひろたり）という人物は、ここの典薬頭であったというが、彼は、空海より先、飛鳥時代から奈良時代を生きた修験道の開祖とされる役行者《えんのぎょうじゃ》という人の弟子であった。さらに、物部韓国廣足は、典薬寮の呪禁師《じゅごんし》であったという説も宗教学者の正木晃《まさきあきら》氏が紹介しているが、呪禁師とは呪術によって病気治癒を図るものである。

「韓国」という名からもわかるように朝鮮半島からの渡来人、あるいはその末裔と考えられるから、かの地の医薬知識も持っていたのだろう。

また、遣唐使として唐に渡るメンバーには、大使など官僚の他に僧侶も毎回少なからず含まれており、かの地で医療関連の知識にも触れてきたため、僧侶の間で唐医療の知識が広まったとも考えられる。

空海が医療知識を持ち合わせていたというのは、ある種当時の僧侶のたしなみの一つとして、また唐の医療に触れて来たものとして、特に驚く程のことでもないのだろう。

空海と讃岐うどん

これは空海のリアリストの一面と言っていいかわからぬが、うどんへの関わりが言われているのも面白い。

空海の生まれ故郷の香川県はうどんが有名で、讃岐うどんは知らない人の方が少ないと思う。このうどんの伝来者が空海である、と言われているのだ。

まず、〝うどん〟と言う語は、日本うどん学会というところの発表によると、空海が唐から持ち帰った唐菓子の「混沌」が源流だと言う。

麺については、八世紀の奈良時代に初めて日本に伝わった麺の製法は手延べが主流とされているが、唐の時代に新しく開発された「切り麺」という製麺法の技術を日本に持ち帰ったのも空海だとされている。


空海が滞在した唐の都長安の周辺華北地方の気候は、乾燥が強く、広大な小麦耕作地帯で、讃岐の小雨、乾燥の気候とも似通っていたため、うどんが広まり、根付く上での条件的にも讃岐の地は適していたのだろう。

空海が密教を学んだ青龍寺をはじめとして、唐の各寺には麺料理専門の僧がいたと言われており、寺の食としてもうどんは欠かせないものと言えそうだが、現在の高野山をみてみても、寺で祝い膳が供される時、二の膳の後に〝大広《おおひろ》〟といってうどんが出されている。

唐で大いに広まったといううどん。その日本への伝来は遣唐使によるものだというのは間違いなさそうであるが、なかでも讃岐うどんとして、空海生誕の地でうどんが広まっていることを考え併せても、空海の影響は少なからずあるだろう。先の大広もその由来はよくわからないが、空海の頃からの名残でもあるのかもしれない。

密教の弘法

空海のリアリストの一面を、そのメインである真言密教についても見てみる。

空海は日本において密教を弘めるにあたり、ただ仏前に座って祈願するだけ、仏様のご加護をただ待つのみでなく、自ら積極的に布教活動に動いている。

例えば、その宗教活動の場にしても、高雄山寺や東寺は朝廷のほうから給預された物だが、高野山は、空海のほうから頼んで下賜《かし》（天皇など身分の高い人が低い人にものを与えること）してもらった物だ。


高野山は国の認めた官立の物ではなく、個人の物として下賜されたものであったため、伽藍整備に際してもその費用などは、国からの援助はなく自ら捻出しなければならなかった。そのための寄付援助についても、ここでもまた自ら方々にお願いしている。

寄付援助については、空海から働きかけをしているというのが、ほかにも綜芸種智院設立や、仏塔、高野山に据える鐘などについて、その施主を勧進した文が残されていることからもうかがえる。

神仏への祈願

満濃池修築工事が、空海が指揮を執ったことで首尾よく行ったことに関しては、先に見た唐由来と思われる高い技術力のほかに、工事に携わった人々のモチベーションも関係していると思われる。『日本紀略』によると

その地の百姓が、空海を恋い慕う様子は、実に父母のようである。もしも空海が来ると聞けば、その土地の人々は取る物も取り敢えず迎えに出て来ない者はいないほどだ。

とある。民衆から慕われていた空海が工事の指揮に当たることで、工事関係者のやる気も俄然高まったことがうかがえる。

それほど人々から慕われていた理由として、工事現場である讃岐は空海が幼年期、少年

期を過ごした地で、生家の佐伯家は、父の佐伯直田公が多度郡を管理する郡司《ぐんじ》（当時の律令制で、国司の下で郡を治めた地方官で地方豪族が世襲的に任ぜられた）である土地の有力者であったことがまず考えられる。

また、その頃の空海は伝燈大法師という僧侶として高い位についており、土地の人からすると郷土の誉れという思いもあったのだろう。

こうした工事関係者の高いモチベーションも難工事をやり遂げることの出来た一因となったと思う。

とは言え、何しろ自然という人の思い通りに行かないものが相手、これまでも幾度となく失敗を繰り返している。依頼した方としても、唐からの土木技術の活用といったリアリストの一面もさることながら、空海だからこその一面、すなわち密教正統相承者空海を通じての神仏のご加護を当然求めたはずだ。

空海は技術指導の傍ら、修築工事中には池の畔に護摩壇をしつらえて、仏のご加護を祈念したという。その姿はまた、そこで働く人達のモチベーションを更に高めることにもなったと思われる。

空海の生死観

さて、リアリストの対極とも言え、僧侶が常に問われる「死」、「死後の世界」について空海はどういった態度で臨んでいたのだろう。その著述から少し見ておきたい。

まず「死」については、仏教の〝生者必滅《しょうじゃひつめつ》（この世に生を受けたものは必ず死ぬものであるという仏教語）会者定離《えしゃじょうり》（この世で出会ったものには必ず別れる時が来るという仏教語）〟という基本を踏襲している。

空海は度々、亡くなった者に対する年忌供養を行っており、その供養の際の文にそれがうかがえる記述が多々見られるが、少し挙げてみると、『性霊集巻第八』によると

釈迦牟尼仏でさえ、クシナガラの地の沙羅双樹の木の下で入滅された（亡くなられた）し、その弟子阿難も河の中央で入滅した。

生者必滅の道理は聖者すら免れることが出来ない、ましてや一般衆生など、

そこから免れることが出来るはずがない。

とある。

「死後」についてはどうだろう。人の死後についてのそういう類いの問いに対する答は釈尊には見られない。空海は次のように言っている。『秘蔵宝鑰』によると

生れ生れ生れ生れて生の始めに暗く、死に死に死に死んで死の終りに冥し

とある。

また、霊魂の存在についても、これを否定せず、その供養も度々行っている。『性霊集巻第八』によると

朝夕涙を流し、日夜悲しんでも、亡くなってしまった人の魂にとって良いことは何も無い。ですから、わたくし空海が、亡くなった子供の霊魂を救うために、妙法蓮華経一巻と般若心経一巻を金字で写経して、五八人の僧侶にその妙なるお経の奥義《おうぎ》（最も奥深い大事な点。極意）について解説して伝えることを致します。

とある。

さらには、恵果阿闍梨の言葉を借りる形で輪廻《りんね》転生《てんしょう》（死んであの世に還った霊魂が、この世に何度も生まれ変わって来ること）にも触れている。『性霊集巻第二』によると

空海よ、あなたは未だにわたし恵果との前世からのちぎりの深いことを知らないのですか。生まれ変わり、生まれ変わるあいだに、一緒に密教の教えを誓い合って弘めてきたのです。代わる代わるに師となり、弟子となることは一度きりのことでもないのですよ。……あなたは日本の西の土地の唐で私恵果の弟子として私に礼拝しましたが、今度はわたし恵果が東の日本に生まれ来てあなたの教えを受けることになるでしょう。

とある。こういったところから、空海の生死観の一端がうかがえるが、さらには真言密教としてこの身、この時を生かさんことを思い、〝即身成仏《そくしんじょうぶつ》（長い時間をかけて、あの世で、覚りを得て仏となるのではなく、この身このまま、今この時に成仏すること）〟の弘宣に努めて行く。

空海が葬儀を執り行ったということを、私は寡聞にして知らない。四十九日、一周忌、

三周忌といった追善供養はたびたび行っているのだが。

医療・薬学と祈り

空海は、このように唐で学んだ土木技術、工事人の高いモチベーション、更に神仏のご加護などを総合的に利用して、この難事業に対応しようとしたのだ。

医薬に関しても、神仏への祈りのみで病気に対処しようとして、実際の医術・薬学を否定するのではなく、両者の併用を図っているのだ。

例えば、嵯峨天皇が病気になった折も、神仏への祈願とともに薬の服用によって、病気快癒を図っている。『高野雑筆集巻上』によると

読経の声は絶え間なく響き、護摩《ごま》（火を焚いて行う密教の祈願法）の炎は昼夜無く燃えております。こうして神仏のご加護を仏に求め、天皇のお体の全快を祈請しています。……このように祈願して神仏の力の込められた水を、薬と一緒に摂り病気をお治し下さい。

とある。また、書に関して見てみても、筆の作り方に就いて述べる現実的な一面を見せる一方で、書の極意は物の心を形に込めるのだ、と感覚的な教えもしている。

さて、僧侶は葬式をする者という現代の認識だけでいると、こういったリアリスト空海の八面六臂の活動は奇異に感じられるかもしれない。しかし、真言密教の阿闍梨は密教だけではなくあらゆる智慧を持つことが求められる。空海が創立した学校の綜芸種智院の名前も、そのことを表している。

即ち、「綜芸」というのは様々な学問を兼学してひとつのものとして学ぶことで、〝種智〟は一切智智（仏の智慧）を学ぶものに植えることを意味しているというのは、前に見た通りだ。

これはもともと『大日経』に説かれたことだが、空海はまさにそれを体現しているのだ。『高野雑筆集巻下』によると

片手では拍掌して音を立てることは出来ないし、片脚では歩くことは出来ない。それと同様に僧侶の修法のみでは効果がない。必ず僧俗が力をあわ

せ、そのまことを尽くせば、仏はわれわれの願いに応じてくれるのだ。逆にそのようにせず、ただ財物を供えるだけでは、修法しても何の効果もないから、慎まなければならない。

とある。空海の姿勢として、神仏のご加護に対する深信は在るが、それだけではなく、僧俗、或は現実と祈願の両方に想いを馳せることが必要だと考えていたように見受けられる。

基本的に現実的な対処と神仏への祈願の両方を併用し、現実的な物を特に排除するようなことはしないというのが空海のやり方なのだ。

7

求法入唐の見直し

空海を引き寄せる強い力

空海は唐から新しい教えを請来し、真言密教を確立させているが、それには空海の運を引き寄せる強い力と、それによって生まれた奇跡的とも言える事蹟の数々も大きく寄与している。

空海が活躍したのは、奈良末期から平安時代にかけてであり、その頃、お隣の大陸では唐が覇を唱え、朝鮮半島では新羅が統一国家としてあった。

唐は国際的な大帝国として、先の隋と同様に律令制による中央集権国家体制をとっており、日本が派遣した遣唐使、そしてその前の遣隋使は、その政治、文化を吸収するためのもので、仏典の蒐集もその目的のひとつだった。

遣唐使は八九四（寛平六）年に停止され、空海一行の次に八三八（承和五）年に派遣されたのが実際に派遣された最後の遣唐使となった。

因みにこの遣唐使停止の上申をしたのは、太宰府天満宮《だざいふてんまんぐう》の学問の神として知られる菅原道真（すがわらのみちざね）だったという。

遣唐使に選ばれる強運

空海がその一員となった時の遣唐使について見てみると、八〇三（延暦二二）年三月、藤原葛野麻呂を大使として一度出港している。しかし出立間もなく暴風雨に遇って、一旦、京に帰っている。この時空海はまだこの遣唐使団の一員ではなかった。

翌年の八〇四（延暦二三）年五月一二日、難波（今の大阪）を再び出発した遣唐使の中に、前年はなかった空海の姿があった。大使の藤原葛野麻呂の乗った第一船に乗り込み、同じ船には橘逸勢がいた。

そして最澄は、前年、中断された時に辿り着いていた経由地の九州に留まっており、そこから改めて遣唐使に合流し、第二船に乗り込んでいた。

もし、この時の遣唐使が、八〇三（延暦二二）年の出立で、無事に唐に向かっていれば、空海のチャンスはその時点で潰《つい》えていたことになる。

空海がはじめの出立に間に合わなかったのは、七七九年以来二四年ぶりの遣唐使が出るという情報を得るのが遅く、申請するには間に合わなかったためだろうか、或は、空海自身がこの時点ではまだ遣唐使になるつもりがなかったのかは知り得ない。

しかし、一度失敗すると、縁起を担いで次の出立の時は初めのメンバーの入れ替えもあったというから、その意味では失敗した折りのメンバーに空海がなっていなかったのは幸運だった。

再出立の日程がどの時点で決まったかわからないが、最大でも一年ほどしか猶予はない。その間に空海は遣唐使になるために資格、資金を揃え、しかもそのメンバーに選ばれないといけなかったのだ。

遣唐使の資格ということを見ると、僧侶の場合は、国家公認の僧侶である必要がある。その資格は国家認定の寺で受けなければならないが、資格を受けるための儀式もいつでもやっているわけでなく、行われる時期、また年間定員は決まっていたというから、その面でも猶予はなかった。

そんな状況下で空海は、官僧としての資格を得ることが出来、資金も集めて、まさに滑り込みといった感じで遣唐使に選ばれ、この時の再出立に間に合ったのだ。


空海が唐に渡ろうと思い立つ以前に遣唐使が派遣されたのは、奈良時代の七七九（宝亀十）年。空海以降で実際に派遣されたのは、八三八（承和五）年の一回のみで、これを最後に遣唐使は唐に渡っていない。先の時は五歳位、後の時は入定後で、どちらの時も空海が唐に渡る時期としては不都合である。

空海にとって遣唐使として唐に渡るチャンスは、実際に唐に渡った、その一回しかなかったのだ。また、この時の遣唐使にもセカンドチャンスで、いわば補欠のような形で選ばれている。

空海はワンチャンスをものにして、遣唐使として唐に渡ったのだ。

唐漂着から上陸まで

唯一、そしてベストなタイミングで遣唐使に選ばれたのは、空海の運気を引き寄せる強さの賜物だろうが、日本を出港したからといって、それは必ずしも唐に辿り着けることを意味しない。なにしろ今度は役人でなく、自然が相手なのだ。この時の遣唐使船が日本を出立して、唐に辿り着けたことにも空海の運気の強さが見て取れる。

遣唐使船は航海技術の未熟さや船そのものの脆弱さもあってなのか、毎回その渡航には危険を伴っており、難破したり、南の島に流されて現地の者に殺されたりすることがままあったようだ。実際、藤原葛野麻呂を大使とする遣唐使も、前年に暴風雨のため、一度引き返しており、今回は二回目の出立である。そして、この時の遣唐使でも四船で出港したが、そのうち二船は唐に辿り着くことが無かった。

そんな中、無事唐に辿り着くことが出来た二船それぞれに空海と最澄が乗っていたというのには、二人を巡る歴史の彩が感じられて興味深い。

遣唐使はどうやって選抜されたか定かではないが、空海が藤原葛野麻呂大使と同じ第一船に乗っていたというのは、同じ遣唐使の人員の中でも大事にされていたということなのだろう。そこから考えられるのは、遣唐使への申請に際し伯父の阿刀大足を通じて、侍講（家庭教師）をしていた伊予親王（桓武天皇の第三皇子）に口利きしてもらったであろうことだ。


さて、空海や大使の藤原葛野麻呂の乗った第一船はしかし、唐の地に着いたとはいえ、揚州、明州といった、通常遣唐使が着くべき地からは、さらに南に流されてしまい、赤岸鎮という地に漂着している。彼の地では遣唐使が来るはずの無い地であり、正規の使者であることの確認がとれなかったためか、日本からの遣唐使であることが疑われ、再三にわたる大使藤原葛野麻呂の請願書の効果虚しく、上陸さえ許されず船の上で長く逗留されることになった。

その期間は一説に四五日間、時期は真夏の八月。そんな時期に船の上で留め置かれるとは、考えただけでうんざりしてしまう。その状況を打破したのが、空海が大使に成り代わってしたためた書だ。これによって遣唐使として通常の待遇をして欲しいという願いが聞き入れられることとなったのだ。

現地の役人は、まず空海の書に目を奪われ、次にはその文にも心奪われたのだ。『性霊集巻第五』によると

この遣唐使の大使を務めるわたし賀能《がどう》（藤原葛野麻呂）は、天皇の命令に従って、身命をかえりみず、死をも覚悟して日本を出港しました。すでに日本の国土を離れて途中まで来た所で暴風雨に遭い、帆は破れ、柁は折れてしまって、天に届こうかという程の高波に、船は翻弄されるばかりでした。……その後、なす術無く風に任せて漂うこと二カ月余り、飲み水もなくなり人は疲れ果てても、見渡す限り海ばかりで陸までは遠く思われました。

八月の初日に陸地を見たときの喜びといったら、赤ん坊が母親にあった時や、日照りで枯れた苗が雨に降られた時を超える程のものでした。私たちは幾度も遭難の窮地に追い込まれながらも、こうして生きてこの唐の地に

辿り着いたのです。

とある。

ところでこの書の中で、空海はなり代わった藤原葛野麻呂大使の自称を「賀能」としているが、これは陳舜臣《ちんしゅんしん》氏が『曼荼羅の人』で指摘しているが、これが空海自身によるものだとすれば、唐の文化にも空海が深く通じていたことを示している。

さて、上陸以前、そこに至るまでの航海の様子は先の上陸嘆願書に見ることが出来るが、そこには長い苦難があったようだ。五月一二日に大阪難波津を出港してから、九州太宰府を経由して八月初めに陸地に辿り着くまで、暴風雨にさらされながら漂着まで三カ月近く波涛にもてあそばれた苦難の航路だった。

船の上では水も食料も尽き、人々は疲弊していたというが、空海にとっては、入唐以前一〇年に渡る山林修行では、食べるものや飲み水を摂らないこともままあったはずだから、そんな船の上の飢餓状況にあっても他の人より泰然自若としていたはずだ。

その時の姿を目にしている遣唐使第一船一行の人々にとっては、船上、上陸前既に、空海はただならぬ存在の無名の僧侶であっただろう。それが、この嘆願書代筆の一件は、現地の役人を驚かせたことはもちろんのこと、藤原葛野麻呂大使をはじめとする第一船の人々もまた改めて驚嘆させられ、それまでの漠然とした存在感を持った人物から、やっと辿り着いた陸地に上陸すら出来ない自分たちの苦しい境遇を改善してくれた救いの神として、一気に強烈な個性を持つ存在となっていったことは想像に難くない。

この唐漂着から上陸を許されるまでの間にも、空海の運を引き寄せる力のようなものを感じる。

それは暴風雨によって遭難の危機にさらされ、通常の遣唐使より南方まで流されたといいながら、無事に唐の地には着いているし、またそのことによって、空海の高い文筆の技量が唐の官吏に知れる機会が出来たからだ。

ここで空海にスポットライトがあてられたことは、その後入った都の長安での行動に際してもプラスに働いたのではないかと推察される。何をするにしても、ただの空海でなく、「あの空海」と相手に思われるからだ。また、恵果阿闍梨にもこの件は耳に入っていたやも知れない。

インド人の僧との出会い

空海にとって、唐滞在では密教に関わるものが最大の収穫であるが、それ以外にも書の研鑽を積み、のちに満濃の池修築工事に貢献する土木技術を身につけ、長安で見た数々の学校のスタイルは綜芸種智院を創設実現に寄与する等、国際国家唐の都長安から様々なものを吸収して来ている。

そんな中、忘れてならない人物との邂逅があった。それは北インド人の僧、般若三蔵《はんにゃさんぞう》と牟尼室利三蔵《むにしつりさんぞう》との出会いである。二人からは、密教を理解する上で大きな助けとなるサンスクリット語とインド哲学を学んでいる。

この密教を授かる上で寄与したものを学んだという点だけでも大きなことだが、それ以上に大きいと思われるのが、般若三蔵から幾多の経典論書も託されており、その中の一つに『心地観経《しんじかんきょう》』があることだ。この経に説く所の〝四恩〟については、般若三蔵から直接学んだと思われるが、帰朝してからも、この〝四恩〟が空海の真言密教の一つの根幹を成したことは、残された願文やその他から明らかであり、空海の真言密教確立に関して、恵果阿闍梨に次ぐ師僧といっても良いかもしれない。

千載一遇の好機

恵果阿闍梨の早く国に帰って密教を弘めよという遺言もあって、空海は二〇年の在唐期間の決まりを破って帰国せんとするが、ここでも空海は運を引き寄せている。

基本的には、遣唐使の帰朝は次の遣唐使を待ってのこととされていたようだが、この時丁度、日本国使として高階遠成が唐にやって来ており、彼に帰朝願いを出して共に日本に帰ることが出来たのだ。

現実に次の遣唐使が来たのは八三八（承和五）年であるから、渡唐、帰朝ともに空海にとって千載一遇の好機を捉えてのものだったのだ。

渡唐決意の陰に

遣唐使には常にその航路に於いて高い危険性がつきまとっていた。空海の時を見ると、九州を離れるのが六月で、この時にさらされた暴風雨はもしかすると台風によるものであったのかもしれない。違う時期を選べばよさそうなものだが、当時まだ未熟であっただろう航海術や船そのものの作りから、風向き等を優先的に考慮して、海が荒れやすい時期での渡航を余儀なくされていたのかもしれない。

初期の遣唐使の頃は、比較的安全な朝鮮半島に沿った航路も取られていたようだが、朝鮮の新羅《しらぎ》との関係の悪化に伴い、危険性の高い航路を取らざるをえなかったようだ。

空海も『大日経』を体得するために唐に渡るという明確な目的があったとはいえ、渡航の危険性は十分承知の上で、相当な覚悟を持っての渡航だったと思う。それに際して、誰よりも強いインパクトを空海に与えながら、日本と唐との渡航の激しい体験を空海に語っ

御影堂と三鈷の松　高野山で奥の院と並ぶ、最大のパワースポットの二大聖地のひとつ壇上伽藍の御影堂。その前には、空海が帰朝時に唐から投げた三鈷杵がかかっていたとされる三鈷の松がある。

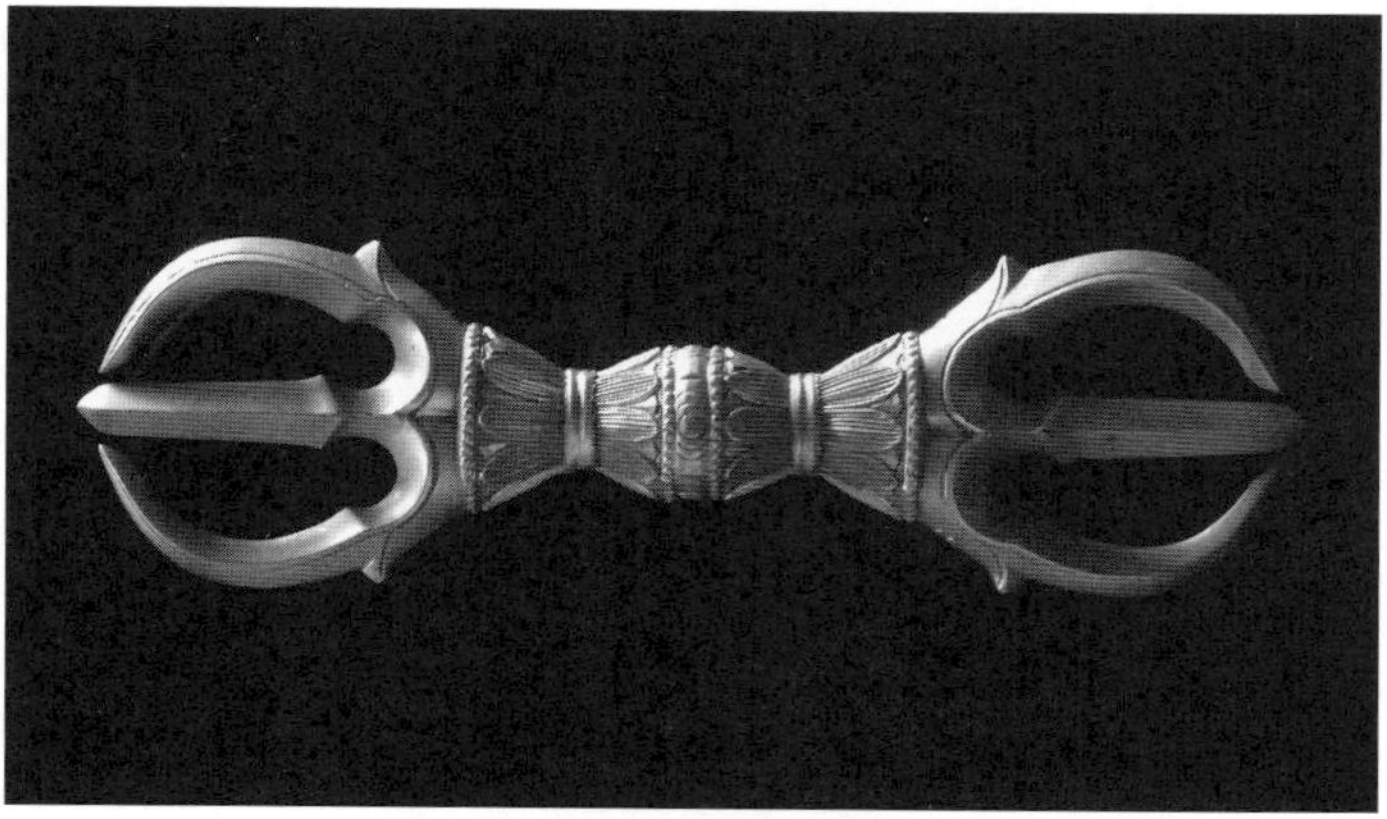

三鈷杵　真言密教で祈願する時に使う、金剛杵のひとつ、三鈷杵。

て聞かせたのは、如宝（にょほう）という唐の僧だったと思われる。この如宝という僧のために、空海は天皇への恩賜奉謝の文を代筆したり、達嚫文《たっしんもん》を書いたりしている。

さて、この如宝という人はどういう人であったかと言うと、中国唐の人で、その師である鑑真《がんじん》と共に日本に来た人である。空海が如宝のために書いた文は八一三（弘仁四）年空海四〇歳の時のものと、入定前年の八三四（承和元）年に記した書状として『性霊集』にみられ、その交流が生涯を通じてのものだったことがうかがえる。その陰には入唐求法を精神的に後押ししてくれた恩人としての思いもあったに違いない。

一方、その師である鑑真はどういった人かと言うと、戒律を日本に伝えるため請われて来日した僧で、唐招提寺《とうしょうだいじ》（奈良時代の七五九年に建立された南都六宗のひとつ律宗の総本山）を創建した人としても知られている。

来日にあたって、鑑真は度々試みては失敗しているが、それを阻んだものは、やはり自然に翻弄される危険な航海であり、加えて唐からの逸材流出を恐れて渡日させまいとする人的障害等だった。度重なる挑戦の中、旅の疲労などもあり失明してしまう。そういう状態になってでさえ、鑑真は日本への弘法の初志を貫徹せんとの思い強く、ついには実に六度目のチャレンジで日本の地へ辿り着くことが出来ている。

鑑真の日本への旅の話を、その弟子の如宝から聞かされ、渡唐の航海の危険とともに、鑑真の仏教弘法にかける強い意志が、空海の心に刻み込まれた上での入唐だったのだろう。

また、求法のためにインドに行き、仏教を学び、経典論書を中国に持ち帰り翻訳した玄奘三蔵（六〇〇〜六六四）の話も入唐前に何処からか聞いていたようである。その見聞録である『大唐西域記』をもとにして作られた、伝奇小説『西遊記《さいゆうき》』の三蔵法師とお供の孫《そん》悟空《ごくう》らの仏教を求めて西のインドへ向かう旅の話は、その旅の苦難が妖怪という形で語られており、みなさんもドラマや本などで楽しまれた方は多いと思う。

空海の入唐は、事前にそうした体験談を聞いた上でのことであり、それによってさらに強い決意を固めての求法の旅だったのだ。

藤原葛野麻呂と桓武天皇

空海個人の人生を決定付け、それと同時に日本における真言密教の確立への道筋がつくられた、空海の入唐求法。その時の遣唐使の大使であった藤原葛野麻呂と、自分を遣唐使に任命して入唐のチャンスを与えてくれた桓武天皇、この二人に対して、空海は帰朝してからもとりわけ深い謝意を持ち続けていたらしい。そのことの傍証ともなる空海の行動がある。

藤中納言《とうちゅうなごん》大使（藤原葛野麻呂）のために八一三（弘仁四）年立願の願文《がんもん》（仏様に対し祈願をする時その祈願目的などを記すもの）を書き、その亡児のために法会を開き、二通の願文を書いている。更には八二一（弘仁一二）年には、先年亡くなった藤中納言のために一七尊の像、並びにその願文を作っており、一個人に対する文としては最も数多く残している。

また、桓武先帝菩提のためとして、八二六（天長三）年三月一〇日金字法華経を講ずるにあたり達嚫文を草している。

藤原葛野麻呂に関しては、入唐の際、空海の代筆のお陰でその遣唐使一行が上陸を許されたことが知られている。恐らく、その後も長安における公務や都に至るまでの道中で、空海の詩文や筆その他の才能によって助けられること少なからずあったのだろう。渤海国《ぼっかい》王子に謁見した時の書状の空海の代筆が残されている。

空海のそういった助けに対して感謝の念を持った藤原葛野麻呂が、帰国後の空海の入京や、寺の役職拝任など、空海の活動に際し、陰になり日なたになり助け舟を出していたことは十分に考えられる。光仁・桓武・平城・嵯峨の四帝に仕えた藤原葛野麻呂にはその進言の機会はいくらでもあっただろう。一方で空海としても、そんな藤原葛野麻呂に対して深い恩義を感じていたのだ。

そして桓武天皇に対しては、何よりも密教求法の道を造り、後押しをしてくれたことに対する一方ならぬ恩義を生涯持ち続けていたことは間違いない。それは、まさに空海が唐の国で般若三蔵から授けられ、真言密教のひとつの柱ともなった四恩（父母の恩・衆生の恩・国王の恩・三宝の恩）について、深く実感するところとなっただろう。

山岳修行していく中で

空海が唐に渡らんと決意するに至った経緯を今一度見直してみたい。

貴人降誕という生誕に関する逸話や捨身の奇譚も伝えられているように、空海は小さい時から仏の教えに傾倒しており、青年期になって儒教や道教など他の教えにも触れていく中でも仏教の教えを最善としてはいる。しかし、岐路にあっては悩み尽きず、真理を求めんとする想いは深まっていくばかり。

山林修行をしていく中で、求聞持法という密教秘法を授けられ、この修法による神秘体験を通じて還源の思いを募らせていく。

そこで不二の教えを求めて東大寺で祈念を続け、そこで夢告を受け久米寺東塔で密教の二大根本経典の一つである『大日経』に出会う。

この『大日経』との出会いこそが、空海が入唐を決意することになった直接の契機なのだ。この出会いがなければ、入唐を思い立つこともなかっただろうし、逆に、『大日経』

によって入唐を促された面が大きい。それは空海の『御遺告』に書かれてある通りだ。『大日経』に書かれたことをよりよく体得するため、そして、その教えの全体像を捉えるには、その請来先である唐に行って、よく教えを受ける必要があると考えての入唐決意だったのだろう。

わたくし空海は誓願して、常々仏法に従って真理を求めんとして参りましたが、三部十二経といった主要な経典に触れて尚、心が満たされるものがございません。わたくし空海が願っておりますのは、ただただ仏様たちがわたくしに唯一無二の無上の教えをお示し下さることなのです。そのことを一心不乱に祈願しておりました所、夢に出た人が『大日経』というお経を示して、これこそがわたくし空海が探し求めているものだと告げて下さったのです。喜び勇んで夢のお告げに従ってこの経を訪ねて、久米寺の東塔の下に見つけることが出来たのです。そしてその『大日経』をひもといて見ましたが、理解し得ないところがあり、それついて尋ねることのできる人も無く、一念発起して『大日経』について学ぶため、去る延暦二三年（八〇四年）五月一二日に唐に向け出立したのです。

とある。実際の出立はその時の遣唐使の再出発したこの時だが、一回目の出発の時の遣唐使メンバーに空海の名前が無かった理由は、入唐を決意した時は藤原葛野麻呂を大使とする遣唐使船は既に出立してしまっていた後であったか、或はまだ出立はしていなかったが遣唐使のメンバーは既に決められていて、申請しようにも間に合わなかった、というところだろう。

ここからが空海の強運の成せる技である。一度は出立した遣唐使が暴風雨のため引き返して来て、翌年改めて遣唐使を派遣したため、空海は遣唐使として唐に渡ることが出来たのだ。

国家公認の僧侶資格

この遣唐使になる以前を見てみると、『三教指帰』を書き上げた七九七（延暦一六）年一二月一日以後、入唐するまでの七年間の空海については、杳としてその消息が知れないとされる。さらにそれ以前、大学を離れてからの動向もはっきりしていない。

そんな状況下で、国家公認の僧侶資格を取った時期について、これは入唐直前ではなく、二〇歳の頃、二四歳の頃という指摘もある。また、『大日経』に出会った時期もいつなのかはっきりとしていない。

私は、空海が官僧の資格を取ったのは、入唐直前のこの時期と考える。また、『大日経』に出会ったのも入唐直前と考える。先に見たように『大日経』に出会わなければ、入唐を思い立つこともなく、いわゆる自称の一私度僧で山林修行していればよかったので、官僧の資格も必要と思わなかったはずだ。

空海はそのような無駄な行動はしないだろうし、逆に必要を感じた時は即断即決、果断に行動している。『大日経』に出会ってから、入唐を決意するまでも比較的短期間だったはずだ。

年分度者として国家公認の僧侶となる理由を疑問視する声もある。確かに遣唐使になるためには官僧の資格が必須であったが、大学を離れ仏道に専念し、山岳修行している段階では、国家公認の僧侶資格を空海は求めていなかったはずである。

空海が大学を辞めてまで仏道に邁進したのは、釈尊の教えを勝れたものであると判断し、還源の想いを満たしてくれると信じたからだ。そこに国家が認めた僧侶である必要は何処にも無い。官僧となったのは遣唐使となるための、あくまで便宜上のことだったと思われる。

それが知れる理由のひとつは、唐から帰り、真言密教を弘法している時期に僧侶のひとつの肩書きである大僧都が空海に授けられようとした時に、これを辞していることである。名誉欲はなかったのだ。

しかし、東大寺別当職《べっとうしき》や造東寺《ぞうとうじ》別当職などは、これを受けているが、どういったことか。それはこれらが単なる名前だけ、格付けだけのものでなく、それを持つことによって実際に真言密教の弘法に役立つと考えたからだろう。

渡唐に関する疑問

まず、そもそもなぜ唐に渡るのに遣唐使として渡る必要があったのだろうか。それまで既成の枠にとらわれることを良しとせず、特に国家公認の僧侶資格を取ろうともせず、山中に於いて自由に修行をしていたのではなかったのか。もちろん、唐に渡ること自体に関しては『大日経』の本流を捉えるためという大義がある。

三一歳の時、遣唐使として唐に渡るまでの空海は、長い間、仏道修行と称して、放浪ともいえる生活をしていたようで、放浪とまではいえずとも家との交渉はほとんど無かったようである。一八歳で大学に進み、しばらくして仏道修行に専念するため大学を離れてから三一歳で遣唐使となるまでには一〇年程の期間がある。

家を飛び出し、自由に仏道修行してきた身であれば、唐に渡るにしても、何も遣唐使という形式にとらわれる必要もなかったのではないか。遣唐使になろうとすれば、官僧にならないといけないという縛りも出来てしまう。

唐との交流は遣唐使の他に、唐や朝鮮半島の新羅の商船によるものが知られている。それを使えば、あるいは密航などにより費用などの点でも抑えることが出来た、親族に頭を下げる必要もなかった、官僧の資格もいらなかったのではないかとも邪推してしまう。

それともうひとつ、還源の想いを満たすためだけであれば、唐でそのまま骨を埋めても差し支えなさそうである。なぜ帰国したのだろうという疑問もわく。

しかし、空海は公式な往来である遣唐使という道を選び、再び日本に戻って来てもいる。遣唐使として入唐し、密教という新しい教えを恵果阿闍梨から相承して日本に帰国したのは、空海がはじめからその教えを日本に弘めようという考えがあったからだろう。遣唐使期間を二〇年から勝手に二年に変えることを厭わなかった空海であれば、帰朝の必要を認めなければ、そのまま唐に留まることなどいくらでも出来たはずだ。

恵果阿闍梨も、空海の日本で密教を弘法したいという思いを感じていたから、それなら と日本へ早く帰ることを勧めたのだろう。

恵果阿闍梨も、数年前に弟子達に後を託した時には少し曖昧だった後継問題を、今回の遺言では、空海には早く日本に帰るように勧め、それと同時に唐国内は弟子の義明《ぎみょう》にということを言っているが、空海に日本に帰るはっきりとした意志がなければ、唐に残って密教を興隆させるように言っていたのではないだろうか。

それではなぜ日本での弘法を考えると遣唐使という選択肢になるのか。それは、遣唐使で入唐するということは彼我の地において物事が有利に働くためであるからだと思う。

日本代表の正式な入唐者として行った方が、密教をはじめとする情報の集積についても便宜をはかってもらえる場面も出てくるだろう。また帰朝してからもその弘布にも、個人であたるのと、国の後ろ盾をもってするのとではその広がり方に大きな差が出てくることは否めない。

しかし、唐で新しい教えを得ることが出来たとしても、必ずしもそれが受け入れられ、国の後ろ盾が受けられるとは限らない。唐の状況を見てもそれまで不空三蔵や恵果阿闍梨が国師として崇められ、密教の弘法が盛んであったのが、空海帰朝後四〇年程して皇位についた武宗は、道教に傾倒し、密教をはじめ異教を全て廃絶せんとしている。

空海の場合も日本に帰ってからすぐは、同じ遣唐使として唐に渡った僧の中でも、最澄が天皇からの庇護を受けていたので、空海は自分が恵果阿闍梨から授かった密教を弘める機会はなかった。

その機会がやって来たのは嵯峨天皇が皇位についたことによってである。

空海にすぐにチャンスがやってきたわけではないが、それでも遣唐使であったがために巡って来たチャンスであろうと思われる。

遣唐使前の密航の可能性

なぜここで遣唐使船による渡唐の意味を考えたかというと、空海はそれ以前に個人的に唐に渡っていた可能性が考えられるからだ。

空海について、大学を中退してから入唐までの一〇年程の動きがはっきりわかっていない。途中、二四歳の時に書かれた『三教指帰』があるだけだ。

この空白の期間は山中修行等仏道修行に専念していた時期だとされているが、この時期に唐に既に渡っていたのではないかという推論があるのだ。

それは入唐時点で既に巧みに唐語を操っていたということがひとつの理由らしい。入唐上陸の際の詩文の才は国内で勉強することが出来たとしても、会話はなかなか学ぶ機会が持てなかっただろうからだ。さらには入唐半年で会った恵果阿闍梨が「梵唐違うこと無く」と、唐語だけでなく、梵語《ぼんご》（インドの言葉）も同じ位達者だったと空海を評している。

日本国内で梵語に触れる機会自体も難しかった状況下にあって、空海がそれほどまでに梵語に通じていたため、遣唐使以前の入唐がいわれているのだ。

私も遣唐使以前に唐に渡っていたのではないかという可能性は全くないことではないと思う。しかし、私が考えるその理由はこれまで言われているものとは少し違う。

梵語の習得に関しては、入唐したのが遣唐使の時が初めてだったとしても、空海ほど才能にあふれた人なら、長安に入ってから恵果阿闍梨に遇うまでの半年もあれば二、三の語学の習得などわけないことだったろうと思う。

唐語に関しては、空海の才能からの推論ではなく、実際に日本国内で充分に研鑽は積めていたはずだ。その機会を与えてくれたのは他の誰でもない、唐招提寺の如宝だ。

如宝からは唐にかかわる様々な情報、影響を受けたことだと思う。如宝からは先に見たように師僧鑑真との唐から日本への苦難の旅や弘法にかける強い思いを伝え聞いたと思われるが、もともと唐の国の人であるからその言葉を喋れるのはもちろんのこと、唐の文化、風習など色々なことを教示してもらったのではないかと思う。

そういった意味から、如宝は空海入唐前の最大の恩人の一人とも言える。

さて、私の考える遣唐使以前の入唐可能性の理由は、般若三蔵にある。般若三蔵からは、恵果阿闍梨に会うまでの、入唐してからの約半年の間に、インド哲学とサンスクリット語を学んだとされている。

密教の法燈《ほうとう》を授けてくれたのは恵果阿闍梨だが、それを空海の真言密教として確立していく上で、その護国思想と四恩思想はそれぞれひとつの柱をなしているが、これは般若三蔵に負う所が大きい。ある意味、真言密教にとってこの般若三蔵という人は恵果阿闍梨と変わらないほど重きを成す人物といえる。

それなのに、空海の著述には『御請来目録』に日本に帰る空海に経典を託したことについてわずかに記すのみで、般若三蔵との出会いやその人となりについては、著述にこれを記した所が見当たらないのだ。

これをどう見るか。私はこの遣唐使以前に入唐しており、その時すでに交流を始めていた可能性は無いことではないと考える。

では、そうした場合、遣唐使以外でどうすれば渡唐出来たかというと、唐では、安史《あんし》の乱（七五五〜七六三）以後、商業活性化策によって民間の海外渡航や貿易が盛んになっており、朝鮮半島の新羅も同様に商船が盛んに活動していて、この、唐あるいは新羅の商船に乗って渡唐を図ることは可能だったようだ。

新羅の商船で、新羅経由の渡唐なら、航海の危険性も初期の遣唐使のように低かったはずだ。

密航の可能性を考えたのは、これまた唐招提寺の如宝が思い浮かんだためだ。鑑真が日本に来たのは遣唐使船に乗ってだが、実は、玄宗皇帝が鑑真の才能を惜しんで唐を離れることを許さなかったため、その時の遣唐使大使は乗船を断ったのだが、遣唐使副使が密かにその船に同乗させて日本まで渡航させているのだ。

鑑真が日本にやって来たのは実は密航だったという話を聞いて、そういった渡航方法も頭の中にあったはずだから、空海も行こうと思えば遣唐使にならなくても唐に行けたはずだ。

先に『大日経』との出会いから入唐に至る経緯に関する所で見たように、初めて入唐した日として、遣唐使出立の日を記していることは私も承知しているが、それでも、それ以前の入唐可能性は全く無くなったわけではないと思う。遣唐使以前に入唐していたとすれば、それは公式の往来でなく密航によるものだから、それを公言する愚は犯さないはずだ。となると、先に見た官僧になった時期、『大日経』を見つけた時期については多少の違いが生じて来る。官僧になったのは遣唐使として入唐する直前だとして、『大日経』を見つけたのは、やはり入唐直前。しかし、この入唐は個人的なものであるかもしれないし、遣唐使による入唐かもしれない。

空海の遣唐使以前の入唐については空想に思い馳せながら、新たな資料発見等、今後の研究を心待ちしたい。

8

釈迦の修行と密教修行

衆生救済のための仏教

空海は『三教指帰』で論じたように、道教、儒教、仏教の内で仏教が最善であるとして、仏教の修行に励む。

しかし、それでも満たされないものがあり、『大日経』をきっかけとして唐に渡り、そこで密教というものに出会い、授かる。仏教が釈尊を開祖と仰ぐのに対し、密教で中心となるのは大日如来であり、曼荼羅諸尊である。

密教と仏教とは違う教えであると考える人もあるのではないだろうか。そうだとすると空海は仏教ではなく、密教を選んだということなのだろうか？

空海が唐に渡るまで歩んで来た道は仏道。六世紀中に日本に伝来して以来、釈尊の説く教えとして伝わって来た旧来の仏教である。

経典論書としては南都六宗といわれる三論宗、成実宗、法相宗、倶舎宗、華厳宗、律宗の教えのものがそのほとんどだと思われるが、これらは律令国家体制下にあって、学究的要素が強く、また、それは民衆に向けたものでなく、あくまで国家のために拝むという性格であったようだ。実際、僧侶は朝廷が定めた官僧であり、仏教の民衆への布教活動が禁じられたりしていたようである。

空海は幼少期から、仏を拝み、仏教に親しんでいたという。それは仏教の教えを説く釈尊の衆生済度に懸ける慈悲行に想いを馳せてのものであったように感じられる。

『三教指帰』では、仏教を最善のものとして選んでいるが、道教、儒教のこともそれぞれの役割を認め、これを否定することはせず、このどの道を選んでも意味あるとさえ言っている。ただ、儒教、道教が自己自身にのみ目を向けているのに対し、仏教は自他を兼ねて利益し救済するということをもって、空海は自身が進むべき道として仏道を選んでいるのだ。

釈尊の説く仏教、そして釈尊という人格そのものに、空海は心惹かれていたのだろう。

『三教指帰巻下』によると

わたくしが師と慕う釈尊は、人々を救済しようとする誓願が深く、八〇年間仮の姿でこの世に現れて、人々を救済された。また三〇歳の時にはブッ

ダガヤで覚りを開き、人々を教え導いた。

とある。

釈尊の求道に倣う

空海の入唐前の求道、仏道修行といったものは、ある種、釈尊のそれと重なるように感じられる。

奈良法隆寺の所蔵品に、七世紀飛鳥時代の玉虫厨子《たまむしのずし》という仏像、経典等を収めるための仏具がある。

この玉虫の厨子の四面に絵が描かれており、そのうちに「捨身飼虎図《しゃしんしこず》」「施身聞偈図《せしんもんげず》」がある。これは釈尊の前世の物語であり、薩埵王子《さったおうじ》が崖から身を投げ、飢えた虎の親子に自らの肉体を食べ物として布施するという物語だというが、空海にも同様の捨身の物語が伝えられている。

四国八十八カ所霊場七三番札所の出釈迦寺《しゅっしゃかじ》に伝えられる所によると、空海七歳の時、倭《わ》斬濃山《しのやま》（現在の我拝師山《がはいしやま》）に登り、「私は仏門に入り、衆生を救いたいのです。私の願いが叶うなら釈迦如来さま、お姿を現して下さい。もし、願いが叶わないのなら私の命を諸仏に供養します。」と願い、山の断崖から谷へと飛び降りた。

すると、落下する空海の前に釈迦如来と天女が現れて抱きとめ、真魚（空海の幼名）は「一生成仏」と宣し、願いの成就が約束された。

感激した空海は、釈迦如来が現われた山を「我拝師山」名づけ、その山に出釈迦寺を建立し、釈迦如来の尊像を刻んで本尊としたという。

この説話をみても、空海の念頭に置かれていたのは釈尊であり、仏教を求めたのは、衆生済度を目指す釈尊の教えだからということを示している。

釈迦をモデルに渡唐前修行

釈迦が出家したのは二九歳といわれているが、大学を中退して仏道修行に専念し始めた空海は、それより一〇歳程早かったことになる。

仏道修行に専念し始めて、四国の山々や高野山のあたり、奈良の山々で修行を重ねる空海にとって、その頭に思い描いていたのはお釈迦様の覚りに至る修行であったのではないかと思う。二九歳から苦行者達に混じり、六年にわたって苦行を行い、その後、菩提樹下で覚りを得た釈尊の修行を。

周りの苦行者に倣って苦行に励む釈迦よろしく、空海も山林修行を始めた頃は五里霧中、ほかの山林修行者に倣ってガムシャラに修行していたが、今ひとつその道に対する確信が持てず、悩み続けていた。

このあたりの事情も、苦行に明け暮れながらこれで良いのかと煩悶していた釈尊と重なりあっているようだ。

苦行釈迦像

そんな折に空海に授けられた求聞持法。その修行によって神秘体験を得る。『三教指帰』ではこの直前の記述が大学での刻苦勉励の様子だから、この法を得たことをきっかけに仏道修行に入ったとも取

れるが、私は空海がそれ以前から仏道修行に励んでいたのだと感じている。『三教指帰巻上』によると

ここに一人の僧侶がいて、わたくし空海に虚空蔵求聞持法について見せてくれた。その経には「もし法のやり方に従って、虚空蔵菩薩の真言一〇〇万遍を誦すると、一切の教えの文とその意味を暗記することが出来る」と説いてあった。それで釈尊の誠なる言葉を信じて、木をこすりあわせて火をおこすように捲まず撓まず努力精進して、阿波の国（徳島県）の大滝嶽によじ登ってはそこで修行し、土佐（高知県）の室戸岬に行っては波の音を聞きながら修行に励んだ。そうした、わたくし空海の修行に谷がこだまするように仏様が感応して下さって、虚空蔵菩薩の化身である明星がわたくしの中に飛び込んで来て姿を現された。

とある。この流れ等も、苦行に明け暮れながら覚りを得ることが出来ず、それまでとは少し方向転換を図って菩提樹下での瞑想を修して、大きなものを得た釈尊とだぶってくるように感じられる。

密教との出会い

求聞持法は真言密教の秘法と言われるもので、『大日経』同様に断片的に日本に伝えられていた密教系統の法門のひとつである。

空海は密教を経典によって知るのではなく、この法に依ってまずは体感することによって知ることになる。もちろんこの時はこれが密教であるとは知る由もなかっただろう。そして、まだこの時点では入唐しようとは考えていなかったと思う。

官吏への道を捨て、仏道修行に励みながらも心満たされなかったのは、その時の仏教が釈尊の教えを説くばかりで、そこに釈尊の実際の慈悲行を感じ取ることが出来なかったことが、ひとつの大きな理由のように思われる。

その後、求聞持法修行体験を積んでいっても、心満たされることが無かったのは、事情が違うのではないかと思う。この時は前と違って、一筋の光をもたらしてくれた求聞持法につながる教えを自分はまだ知らないことに対する苛立ちのように感じる。

その後も国内で修行を重ねつつ、東大寺に籠って自分の求めている最上の教えを示して欲しいと仏前で祈願して、夢告でそれは久米寺にあると知る。そこに赴き、見つけたのが密教の二つの根本経典のひとつである『大日経』であり、その全体像を求めて唐へと渡ることになる。

空海はいつ頃、それが密教というまだ見ぬ新しい教えだとわかったのだろう。

空海は長安では西明寺《さいみょうじ》に住していたが、恵果阿闍梨のもとに初めて訪ねた時、寄宿先の西明寺の志明（しめい）・談勝法師（だんしょうほうし）など五、六人の僧と共に行っている。この寺には先に入唐してここに住していた永忠和尚（えいちゅうおしょう）という人がいたが、恵果阿闍梨を訪ねた様子は見られない。永忠和尚は、それまでの仏教とは違う教えが、恵果阿闍梨のもとにあることを知らず、求めなかったのだろう。

ところで、唐に入った空海が、実際に恵果阿闍梨の下に赴いたのは、長安に入ってからも六カ月程が過ぎてからだった。なぜ、すぐに行かなかったのか。

確かに当時の唐にあって恵果阿闍梨は、千人を超す弟子を持つ教団の長であり、三代の国師として重用されていた人物として、その名声は空海の耳にもとうに入っていたはずだ。しかしはじめは、そこにある教えが密教であると知らず、その人物が自分の求めている人、つまり、自分の還源の想いを満たしてくれるであろう『大日経』を体得した人であり、それを含む教えを受け継ぐ人とわからなかっただろうから、すぐに訪ねなかったのではないだろうか。

初めて恵果阿闍梨の元を訪ねた時の様子をその記す所から見ると、長安の都にいる名徳を訪ね歩き、青龍寺の恵果阿闍梨に遇ったとしている。『御請来目録』によると

名声があり、徳が高いとされる長安の僧侶を訪ね歩いているうちに青龍寺《せいりゅうじ》の恵果阿闍梨にお遇いすることが出来た。その高僧は大興善寺《だいこうぜんじ》の不空三蔵（恵果阿闍梨の師僧で、「付法の八祖」という密教を伝えた祖師としては六番目にあたる。恵果阿闍梨は七番目、空海は八番目）の法を受け継いだ弟子であった。恵果阿闍梨の徳は皆の尊敬の対象であり、その教えで皇帝の師として仰がれていた。玄宗・粛宗・代宗の三代にわたる皇帝は、恵果阿闍梨を尊んで、密教を授かる儀式である灌頂を受け、僧侶たちも尊崇して密教の教えを学んだ。

とある。その訪ね歩いた名徳のうち、結局「偶然にして」遇った、恵果阿闍梨に教えを乞うことになる。「偶然にして」というのは、単純に「たまたま」という意味ではなく、縁に導かれてというような意味も込められている。

そこに至るまで、空海もただ闇雲に次々と名徳とされる人物を訪ねるばかりでなく、『大日経』に記されたサンスクリットから、そこに関わりのありそうなインド哲学にも明るい人物ということで般若三蔵、牟尼室利三蔵《むにしつりさんぞう》の世評を聞きつけ、まずは早い段階でそこに向かったと思われる。

そこで初めて、『大日経』とは密教の教えを記したものであること、その密教の流れを汲む阿闍梨としての恵果阿闍梨を知ったのではないだろうか。そして、二人の下で、サンスクリット語やインド哲学の研鑽を積んで、密教を体得するための下準備をしたのだろう。

自分が探し求めて来た教えが〝密教〟であると認識したのは、この般若三蔵と牟尼室利三蔵によってであると思う。

それが密教の教えであるとまだ知らなかった入唐前の求聞持法修行や『大日経』との邂逅。実は、その時点で既に空海の行く所は密教だと決まっていたのだ。

さて、それでは空海が体感した求聞持法などの密教の修行、あるいは儀礼とはいかなるものなのか少し見ておく。

入我我入して三密修行

〈三密瑜伽行《さんみつゆがぎょう》〉

密教の修行は三密行を基本とする。三密とは身密《しんみつ》・口密《くみつ》・意密《いみつ》の三つである。

行法の中で具体的に言うと、身密とは印を結ぶこと。印を結ぶとはどういうことかというと、行法では大日如来を中心とする曼荼羅の仏さまを本尊として拝むが、それぞれの仏さまにはその意味する所の印があり、それを両手の一〇指を使って表現するものである。

口密とは、またそれぞれの仏さまには「真言」と言ってその仏さまの持つ徳などを表す言葉があり、それを唱えるものである。

意密とは、それぞれの仏さまの徳を心に宿さんと念ずること。

自身と仏さまと入我我入《にゅうががにゅう》（仏さまのすべての働きが修行者に入り込み、修行者のすべての働きが対象である仏様に入り込んで、仏様と修行者が一体となること）することによって、自分の身・口・意の三業《さんごう》を、入我我入した仏さまの三密に重ねあわせて祈念していく。入我我入して三密瑜伽（仏様と修行者の三密が溶け合うように結びついてひとつになること）をなし、仏様と一体となるのである。

常の行法では、根本仏たる大日如来をはじめ、修行者にゆかりのある観世音菩薩や薬師如来などといった曼荼羅諸尊を本尊として祈願を行う。

〈百万遍唱える求聞持法《ぐもんじほう》〉

空海が修行し、神秘体験をしたとされる求聞持法は、密教の行法の中でも難行、苦行とされ、真言密教の僧侶でもこれを成したものは、ほんの一握りの者のみである。

求聞持法には、これを修する上で様々な決まり事、作法等もあるが、今はその根幹のみを示すと、精進潔斎して虚空蔵菩薩の真言を五〇日、あるいは一〇〇日かけて百万遍唱えるというものだ。

虚空蔵菩薩真言
「のうぼう　あきゃしゃぎゃらばや　おんありきゃ　まりぼりそわか」

これを五〇日かけてする場合、一日二座（二回の行法）することとなり、一座に付き一万遍（一〇八回をもって一〇〇回と数えるので、正確には一万八〇〇遍）、日に二座で二万遍、五〇日で百万遍となる。

これはどれくらいのものなのかを感じてみたいのであれば、例えば、これを平均して三秒で一回唱えられたと考えてみてもらいたい。一分間に二〇回、一時間で千二〇〇回となり、一万遍となえるのに八時間以上かかる。これを二座するのには一六時間以上かかり、そのほかに作法、準備などもあり寝る間もほとんど取れない。

私の経験で言うと、頭を枕につけるのと、枕から頭を離すのが一瞬に感じられ、いつ眠ったのか自分でもわからないまま日々が過ぎていった。行の期間中はただ虚空蔵菩薩がそこにいるだけだった。

夜半過ぎ、暗闇の中で始めた行も終わる頃にはすっかり日は登り、まだ明るいうちに始めた座も、終わる頃にはすっかり夜の帳が下りている。実際、修行中は時間の感覚も通常の感覚とは違ってくる。

一座の行だけみても、これだけの回数を同じ姿勢のまま続けるので、数時間かけて一座を終えた時には、腰や背中の痛みがあり、膝も固まってしまってなかなか伸ばせず、はじめのうちはなかなか立ち上がることもままならなかった。

また、肉体以上に過酷なのは精神面だ。行法としては密教の行法の中でもシンプルなものと言えるが、逆に単純なるが故に、そのひとつひとつに変化が感じられず、ただひたすら繰り返すのが非常に辛い。

いくらやっても進んでいっているのかどうかわからなくなり、このままいつまでたっても終りが来ないような感じさえして来る。

普通の行法でも、求聞持法で虚空蔵菩薩の真言を唱えるように、それぞれの本尊仏のご真言を唱えるが、その場合に唱える真言の数は、多くて千遍。そうすると、一万遍というとその一〇倍。それを一〇〇回すれば百万遍か、と考えるかもしれないが、実際はそうはならない。千遍を一〇倍すれば一万遍になるわけではなく、千遍唱えてもその先にまだ九千遍の道のりが残る。真言を一遍一遍積み重ねた先にしか百万遍はないのだ。

そういった精神面の過酷さもあり、これまでにもこの行で精神に異常を来してしまった人間が多々あると言われている。求聞持法をするには、不真面目なものではまず、この求聞持法を修行しようという心は起きないだろうし、真理を求めんとする強い菩提心を持ち、求聞持法に向かう者はその真摯さ故に、精神にかかるストレスも更に大きくなる気がする。

もちろんのことかもしれないが、それでも真摯な姿勢が求められるのは、ひとたび三昧状態になると、それまで引っかかっていたものが逆に楽しい状態になってくるということが起こって来るからだ。空海も四国や奈良、和歌山などの山中で、この三昧の時を楽しんでいたのかなと思ったりしてしまう。

三昧以外の体験として、私は、一度は山の中の隠居家を借りて、この求聞持法を修したが、その時は食事を運んでくれる方とタイミングよくお会いした時に挨拶を交わすだけで、あとは自分の口から出るのは、虚空蔵菩薩の真言だけという状況で修行の日々を過ごしたが、その期間中の、ある数日間毎日のように訪れる者があった。

砂をかむ足音とともに来た訪問者は、行をする私の後ろの方に立ってしばらくじっとしているのだが、行中なので振り向くことも出来ず、またそれで集中が途切れてしまってもいけないので、そのままにしていたが、やがてまた足音とともに去っていった。

あとで、食事の世話をしてくれた人にも尋ねたが、その人ではなく、またそこに来るような人はまずいないと言うことだった。もっとも闇夜を灯りも持たずに人が来れるような所でもなかったのだが。

さて、行は厳しく、辛い部分も多分にあるが、その行の中での普段味わうことの無い感覚を感じたり、特に私の場合でいうと、〝光〟と〝時〟に関する特殊な体験をすることがある。そうすると、お釈迦様やお大師さまに触れることが出来たような気がしてきて、またその光を周りのものに分けて、それで包み込んでいってあげたくなる。

求聞持法というと、一般的に記憶力アップの技としてのみ捉える向きもあるが、これは一種の方便ではないかとも思う。実は、それだけ集中して磨き上げたものには、強い光が差し込み、映し出されてくるのだ。

護摩行を修する筆者

真言宗の中興《ちゅうこう》の祖《そ》（いったん衰えたものを再び盛んにした人）とされる覚鑁上人（かくばんしょうにん）という人は、この求聞持法を八度修したとも言われているが、修するたびにこういった法悦《ほうえつ》の状況の自受法楽《じじゅほうらく》に浸っていたのだろうと思う。

〈真言密教の大行・焼八千枚護摩行《しょうはっせんまいごまぎょう》〉

真言密教には、この求聞持法同様、大行とされるものに「焼八千枚護摩行」がある。

まず、護摩とは「焼く」を意味するサンスクリットのHoma（ホーマ）を音訳した語で、護摩木を焚いて、その火によって祈願するというものだ。

空海はこの護摩行で様々な祈願を行ったと

いわれており、嵯峨天皇の病気快癒祈願《びょうきかいゆきがん》でも護摩行を修している。

この焼八千枚護摩行というのは、護摩行の特殊な形態のもので、求聞持法同様に普段の行と比べて熾烈な行であり、そのため一生に一度でも修行しようと思い立つ者は稀である。

これも、行の肝の部分のみを示すと、精進潔斎、断食、断水しながら不動真言を十万遍唱え、最後、結願の座では、普段の護摩行で一〇〇本焚く乳木を八千本焚く。

この八千という数は、釈尊が衆生済度、修行のために、彼岸と此岸を八千回往復したことからきたとも言われている。

不動明王真言（慈救呪《じくじゅ》）
「のうまく　さんまんだ　ばざらだん　せんだ　まかろしゃだ　そわたや　うんたらたかんまん」

求聞持法で動きがあるのは精神の中で、外から見るとほとんど動かない、静の行とも言えるのに対し、八千枚護摩行は、護摩木を炎の中に投じ続けて護摩を焚き続ける、動の行である。

これは行をする者の動きが、その炎の様子同様、外からも見えることもあり、単に所作をこなしているだけか、そこに力があるかが、見る人が見るとわかってしまうので、普段の行からその姿勢を正すように私は師僧から言われて来た。

儀礼としての灌頂

〈密教儀礼〉

密教の儀礼として〝灌頂《かんじょう》〟なるものがある。これは何かというと、密教の法燈を授かる時にひとつの通過儀礼があり、それのことを〝灌頂〟と言うのだ。

一口に灌頂と言っても、その儀礼全体を呼ぶ場合と、その中の一儀礼としての灌頂がある。灌頂とは、頭頂に聖なる水を灌《そそ》ぐことで、古代インドの国王即位、立太子にあたり灌頂水という大海の水を、即位する王の頭頂に注ぐ儀式で、これにより王位継承が為されたとするもので、密教でもこれにより法を相承する。

その一連の灌頂儀礼のひとつに〝投華得仏《とうけとくぶつ》〟というものがある。

蝋燭の仄かな灯りの中、目隠しをされた受者が、担当の僧侶に誘われて辿り着く先には、受者はその時見ることが出来ないが、大壇《だいだん》という膝くらいの高さの正方形の壇があり、その四角に立てられた四橛《しけつ》と呼ばれる柱には壇線《だんせん》という五色の糸で縒り合わされた紐が壇をぐるりと一回りするようにしてその周りを囲んでいる。

その四橛と壇線で囲まれた壇の上には、受者と相対する向きに曼荼羅が敷かれている。そして、僧侶に促されてその曼荼羅の上に華《はな》（樒《しきみ》の一枝が使われる）を投げ、落ちた所の仏さまと縁を繋げるというものだ。

空海も恵果阿闍梨から密教を相承する時に、この灌頂という儀式に臨み、そこで投華得仏をしている。

金剛界曼荼羅と胎蔵曼荼羅の両方で、千以上の仏さまがいる中で、空海の十指で結ばれた印で挟まれた華が、その指を離れて落ちたのは中央の大日如来《だいにちにょらい》。恵果阿闍梨から授かった〝遍照金剛《へんしょうこんごう》〟という名は、大日如来のことである。

この灌頂を見届けた恵果阿闍梨がこのことに讃嘆、驚嘆している。『御請来目録』によ

ると

六月上旬に学法灌頂壇に入る。この日、大悲胎蔵大曼荼羅に臨んで、法に定められた通りに投華したところ、中央の大日如来の上に落ちた。不思議だ不思議だと恵果阿闍梨は讃嘆された。七月上旬に金剛界大曼荼羅に臨んで五部灌頂を受け、投華したところまたしても大日如来に落ちた。恵果阿闍梨が驚かれたのは前の如くであった。

とある。

密教は仏教なのか

さて、空海は密教の行法である求聞持法で修行を積み、投華得仏して灌頂を受けて密教の正統な相承者となっている。とすれば、正式には恵果阿闍梨から灌頂を受けた時をもって密教の道を進み始めたということになるが、ざっくばらんに言えば、入唐前の修行中に既に空海は仏教を諦め、密教へと鞍替えしたのだろうか。

実は全くもってそんなことは無い。密教も仏教なのだ。

このことについて空海の言葉で見てみる。八三四（承和元）年一一月空海入定の四カ月前。時の仁明天皇にあてた「御修法奏上」に次の件がある。『性霊集巻第九』によると

如来の説法には二種類の表現がございます。ひとつには浅略趣というもので、ふたつには秘密趣というものであります。浅略趣というのは病気に於いてその根源を解説し、それにあった薬を処方するようなものであり、秘密趣の陀羅尼秘法は、処方に従って薬を調合し、服用して病気を除くようなものでございます。病人に向かって薬について解説しても、病気が良くなることはありません。病気に合った薬を調合し、処方箋に従って服用しなければならないのです。そうすることによって病気を消し去り、命を保つことが出来るのでございます。

とある。そもそもが、仏教とは、顕教と密教からなっているとする。たとえて言うなら顕教とは薬の処方箋を説明するようなもので、密教は実際に薬を調合して病人に飲ませ、病気を癒すものである、と空海は言っているのだ。

そして、恵果阿闍梨追悼文では、仏教に於ける顕密の違いを成仏の遅速から述べ、密教の優位を述べている。

貴い人の最たる者は国王で、教えの最上のものは真言密教の教えである。菩薩乗や声聞乗で仏道修行するときは覚りまで久しくかかるが、密教では労せず覚りに至ることが出来る。（即身成仏）

とある。

衆生と仏様は別体ではない

空海による解釈以前に、釈尊自身がすでにこのことについて説いている。即ち、釈尊が入滅する時に、弟子のアーナンダ（阿難《あなん》）に遺言したという〝自灯明《じとうみょう》・法灯明《ほうとうみょう》〟という言葉は、仏教は密教と顕教からなるということに通じるのではないかと私は解釈している。〝自灯明・法灯明〟とは、自分自身を灯明とし、釈尊が教えた法を灯明として進みなさい、という意味だという。顕教あるいは小乗（上座部）仏教と呼ばれるものは、この法灯明すなわち、「釈尊の教え」を重んじる教えなのだろう。

自灯明については、他者に頼らず自己を拠り所とすることという解釈もあるようだが、私は単に自己を媒介として捉えるという解釈でなく、自己の中の仏を灯明とせよ、自己の中にこそ真理はあるということだと考える。

釈尊が菩提樹下で覚りに至った時、教義を説かず、自受法楽《じじゅほうらく》に浸っていたのは、その覚りの境地を言葉で説明する難しさがあったからだとされる。釈尊は、衆生にその教え、境地を説いても理解してもらえないだろうと沈黙する。しかし、梵天に促されて転法輪《てんぽうりん》、つまりそこで得た真理の法をみんなに伝えて、みんなの道しるべとする行動を始める。

密教とは、転法輪された釈尊の教えを理解しようとするだけでなく、この自灯明、法灯明の両方に目を向け、自身の中の仏との三密瑜伽を目指し、釈尊との共通体験を目指すものだと思う。

共通体験、というより同時体験なのだが、そのためには呼吸、それも〝ひと呼吸〟がそのひとつの鍵となっているように感じられる。師を得て阿息観《あそくかん》という瞑想法を体感されれば、その一端に触れることが出来るかもしれない。

さて、空海の次の言葉は、釈尊の言われた〝自灯明〟につながるものだろう。『般若心経秘鍵』によると

それ仏法遥かにあらず心中にしてすなわち近し

とある。これは即ち、密教で言う、衆生と仏様は別体ではないという〝凡聖不二《ぼんじょうふに》〟であり、それがゆえに〝即身成仏〟がなるのだ。

〝法灯明〟とは先にもあったように、薬の処方箋のごときもので、自灯明に向かい進む上で、時としてガイドのような役割を果たすものだと思えば少し分かりよいだろうか。

空海は入唐前に釈尊の教えを様々な経典から読み取り、件の〝自灯明・法灯明〟に考えを馳せた時、〝法灯明〟は色々な形で伝えられているが、〝自灯明〟そのものにいたる「術《すべ》」もあるはずだと考えていたのだ。

その一端を知ることになったのが、求聞持法であり、『大日経』であったのだろう。〝自灯明〟ゆえに、それを外から求める術でなく、内に求める術があるはずだと。

そのように考えていたから、「還源《げんげん》の思い」という言葉で表現したのだ。『性霊集巻第七』によると

「弟子空海　性薫《しょうくん》我を勧めて還源《げんげん》を思とす」

釈尊の弟子であるわたくし空海は、心内の仏性がわたくしを駆り立てるように、悟ってその本源に還りたいと願っています。

とある。

密教とは、釈尊の体験をそのまま求める自灯明であり、その教えである法灯明の顕教と、それぞれが〝仏教〟であり、また、ともにあって〝仏教〟なのである。

9

空海の修行と
それを巡る先人たち

奈良時代の僧に学ぶ

空海の求道において、釈尊は、その修行のモデルとして、あるいは目指すべきひとつの山の頂きとして、常にその念頭にあったことだと思われるが、それ以外の先人の動きも参考にしていたように思う。

唐招提寺の如宝（にょほう）とは直接の交流を通じて、渡唐の厳しさを聞かされ、その口から出て来る、師僧の鑑真という人の弘法に懸ける熱い思いは、空海の渡唐求法に対する決意を揺るぎなきものにしたに違いない。

行基（ぎょうき・六六八年天智七年〜七四九年天平二一年）は、僧侶を官僧として国家の支配下に置き、密教の民衆への布教活動を禁じた時代に、禁を破って幅広い層に仏教の教えを説き、寺院をはじめ、ため池や堀を作り、橋を掛け、と数々の社会事業を成した。その後、最高位である大僧正の位を日本で初めて得て、奈良の大仏造立の責任者となっている。

空海も満濃池の修築工事を行った時などは、この行基のことが頭に浮かんでいたに違いない。

行基の師とされる道昭（どうしょう）は、入唐して玄奘の教えを受けている。空海は、行基の流れを汲む弟子などから、玄奘のインドへの仏教求法の旅について話を聞き、自身の堅忍不抜《けんにんふばつ》の入唐求法の思いの糧にしたのだろう。

また、空海自身が自戒を促した先人もいた。そもそも都が奈良の平城京から京都へ移されることになったのは、天皇との結びつきから専横な振る舞いをした一部の僧侶があったため、そういった流れを断ち切ることがきっかけのひとつとしてあった。

その代表格が道鏡（どうきょう）ではないだろうか。道鏡（弓削《ゆげ》道鏡）は奈良時代末期の法相宗の僧で、孝謙上皇（後の称徳天皇）の病気快癒の祈願を行い、信頼を得て、太政大臣・法王となって権勢をふるい、さらに皇位まで狙ったが、藤原氏などによって阻止されたという。

空海が、天皇に対し取った横柄とも取れる物言いの裏には、あくまで一宗教者としての立場を明確にし、政治への関与を邪推されぬようという思いも多少はあったかもしれない。

いずれにせよ空海は、修行、求法の道を進む上で、こういった先人の行動をも手本にし、あるいは他山の石としていたように思う。

入唐前の修行～雑部密教

空海が遣唐使として入唐する前、大学を辞めてから一〇年程の期間、どのような修行をしていたのだろう。

奈良時代から続く仏教は、律令体制下にあって仏教教理の研究を中心に行い、実践的なものとしては、国家のために祈願を行うだけであったようだ。

そんな中にあって空海は、その著作に記された所から知れるように、故郷四国、奈良の山々や、高野山などで山岳修行していたようだ。その時の修行は雑密《ぞうみつ》（雑部《ぞうぶ》密教）によるものだったらしく、その中心となったのが求聞持法での修行であった。

さて、雑密とはいかなるものだろうか。一般的には、空海が唐で恵果阿闍梨から相承して請来した密教以降を純密（正純密教）、それ以前のものを雑密と呼ぶらしいが、空海の行というのは求聞持法という密教の法の他、それ以外にも道教や日本古来の山岳宗教などによるものも考えられるが、ここで注視しないといけないのは、その修行が何によったかということ以上に、空海が何を求めていたかと言うことではないかと思う。

空海が求めていたもの。それは「力」ではないかと思う。「法力」あるいは「験力」といったらよいか。つまり、空海の思いである衆生救済につながる力。この力を得るために、山林に分け入って、自然界に遍満する力を得て、自分の祈りの念を強くしていったのだと思う。

国家のために祈るということ

唐から密教を持ち帰った空海は、まずその国家のため祈るという側面を、前面に押し出している。

空海が国家のために修法して祈願した始まりは、帰国後入京を許されて一年程が経った八一〇（弘仁元）年のことである。この年九月に起こった「薬子の変」とも呼ばれる平城《へいぜい》上皇《じょうこう》と嵯峨天皇の対立による争乱勃発をきっかけとして、国家護持の修法を行うことを上奏して許され、高雄山寺で修法したものだ。

ちなみに、空海の十大弟子の一人に真如法親王（しんにょほうしんのう・高岳《たかおか》親王）がいるが、実はこの人、歴代天皇の一人に名を連ねるはずだった人なのだ。その父、平城天皇が退位した八〇九（大同四）年に、嵯峨天皇の皇太子となる。しかし、〝薬子の乱〟で皇太子でなくなり、その後、空海を師として出家、弟子となった。

真如法親王は、仏弟子として日本人で初めてインドへの求法を企てた僧と言われている。遣隋使、遣唐使として中国に渡った僧は少なくないが、そこから更に仏法の発祥地であるインドまで足を伸ばそうとした僧は、この真如法親王までいなかったのだ。

不空三蔵による安史の乱の平定

さて、その鎮護国家のための修法の許可を求める上奏文《じょうそうぶん》を見てみる。『性霊集巻第四』

によると

> その日本に持ち帰った経典類の中に仁王経《にんのうぎょう》・守護国界主経《しゅごこっかいしゅぎょう》・仏母明王経《ぶつぼみょうおうきょう》といった念誦《ねんじゅ》のための経典がございました。仏様が、国王のために特に説いたとされるお経です。「七難《しちなん》」といわれる自然、賊などによる災難を打払い、調和を成し、国を護り、家を護り、自他に安息を与える秘法の経典であります。……わたくし空海は、国家安泰を祈念するために、弟子たちとともに高尾山寺で、来月一日より初めて、その功徳が現れるまで、弟子たちも教え導きながら、修法したいと願っております。

とある。文中の仁王経、仏母明王経は不空訳、守護国界守経は般若・牟尼室利の共訳と、唐に於いて強い影響を受けた人物の手による訳経である。この「鎮護国家」思想そのものも不空三蔵、般若三蔵の影響を強く受けていると思う。

不空三蔵からは直接薫陶を受けたわけではない。不空三蔵は、恵果阿闍梨に密教を授けた師である。空海はその孫弟子にあたり、密教の正統伝承者としては二代前の人物である。しかし、空海の生まれが七七四年六月一五日であるとされるのは、不空三蔵入滅の日と重なり、生まれ変わりを含め、その深い繋がりを空海は自認していた節がある。

入唐にあたり、空海は『大日経』をその契機とはしていたが、それを含む密教という教えについて知らず、当然この不空三蔵の存在やその行動について知ることはなかったはずだ。唐に渡ってから、おそらくは般若三蔵、或は恵果阿闍梨から不空三蔵という人について話を聞いて、知ることとなったのだろう。

不空三蔵という人は密教の鎮護国家を前面に打ち出すことによって、その頃、外から入ってきたばかりの密教という新しい教えを、唐に根付かせた。

律令国家である唐において、密教の布教にあたってまずは、国家すなわち皇帝の承認を得るということが何よりも重要になってくる。

不空三蔵は、安史《あんし》の乱という国家争乱に遭遇し、その対応によって国家皇帝から深い信任を得ることになる。これが、まさに日本における国家争乱である薬子の変における空海のモデルケースとなったように思われる。

安史の乱（安禄山《あんろくさん》の乱）とは、唐代七五五〜七六三年にかけて、唐の節度使（地方の軍と財政の統括職）安禄山とその部下の史思明によって、唐国家転覆を狙った反乱である。

空海の事情としては、薬子の変は九月一二日に終息しており、祈願上奏文の日付は一〇月二七日であるから、その祈願は、事後対応、先に向けての対応となっているが、不空三蔵の場合はまさにその争乱の真っただ中での対応を余儀なくされていた。不空三蔵は、反乱軍によって奪われた都長安に留まって、時の国家皇帝復権のために祈願し、時として諜報活動のようなことさえ行っていたという。

不空三蔵がこの安史の乱を通じて、皇帝から厚い信任を得たのと同様に、空海そして真言密教にとって薬子の乱は、やはり国家からの信任を高める結果につながったように思う。新しい外来の宗教にとって、国家から承認を受けることの重要性を考えるのに、唐において、後の八四五（会昌五）年にあった〝会昌《かいしょう》の弾圧〟での外来宗教の状況を見ると明らかだ。これは八四〇（開成五）年に即位した武宗が道教に入れこみ、道教を手厚く保護する一方で、仏教やゾロアスター教等外来宗教に対して弾圧を行ったものだ。期間的には数カ月だが、還俗させられる僧も多く、これをひとつのきっかけに、唐において密教は衰退の一途を辿っていく。いかに、国家、国主の承認が重要かということだ。

また、空海の鎮護国家を考える時、不空三蔵とともに忘れてはならない人物がいる。般若三蔵である。入唐後の空海のサンスクリット語、インド哲学の師匠として知られているが、牟尼尻三蔵との共訳である『守護国界主陀羅尼経』は護国経典として唐で珍重されるが、空海が日本に初めて請来したことにより、空海の真言密教にとって、また日本にとって多大な影響を与えることとなる。

さらには般若三蔵が空海に伝えた『心地観経《しんじかんぎょう》』の、父母・衆生・仏法僧三宝と並んで国王の恩を説く、〝四恩〟思想は、空海の真言密教の護国思想を考える上でも軽視出来ないものだ。

鎮護国家ということはもちろん、密教に於いてひとつの眼目ではあるが、特に還源の思いを持って唐に渡り、その思いに応えうる教えとして密教を授かった空海にとって、その第一の眼目は成仏、即身成仏のはずだ。にもかかわらず、まずは鎮護国家を前面に打ち出したのは、その弘法のための土台造りだったのだろう。

鎮護国家祈願以外のものとしては、雨乞いの祈願をしたり、灌頂を開くことによって天皇をはじめとする人々を密教の道に導いている。

その他の活動のひとつに豪族、官僚などやその親族に対しての年忌供養をしているのが見られるが、これとてその意図の所在は別にして、そういった人々から密教への理解を得ることに寄与していると思われる。

そのようにして国家の承認を得て、東寺や高野山といった弘法の拠点も確保しながら、空海の真言密教の第一の眼目である、〝即身成仏〟を、数多くの著作によって、はっきりと打ち出して行っている。

師資相承とは何か

雑密と純密の違いを考える時、その法燈継承の流れがはっきりしているということが挙げられる。それを確固たるものにしているのは、〝灌頂〟であり、〝師資相承〟である。

空海が恵果阿闍梨から相承したのは、密教という教えであるが、実はその法燈継承の儀礼である〝灌頂〟を自ら受けて体感したこと、そしてそのやり方や準備を学び、それに必要な仏具や、曼荼羅などを授かったことが、空海が唐で恵果阿闍梨から授かったことの中でも最も大きなものだと言っていいかもしれない。そしてそこにあるのは恵果阿闍梨から空海への〝密教の師資相承〟である。

〝師資相承〟とは何か。文による法の相承ではなく、師から弟子へと手から手へ、心から心へと伝えられるものだ、といってもわかりづらいか。

この辺りの事情を私の感覚でわかりやすく言うと「舌の記憶とその再現」とでもなろうか。母親が作ってくれた料理の味、あるいはお店の美味しい料理の味というのは、たとえそれが小さい頃のものであっても忘れないものである。

料理を作るのにレシピがあるが、舌で覚えた味を伝えるのに、レシピだけではどうしても伝えられないものがある。

それを再現するのに必要になるのが、母親の一言、師匠の熟練の技、道具の手入れ、あるいは愛情といったものだ。ただそこにあるレシピ通りに作っただけでは残念ながら、舌の感動を呼び起こすことは出来ないように思う。

〝師資相承〟もそういうものではないかと思う。空海が最澄に理趣釈経《りしゅしゃくきょう》の借覧に関して書き送った手紙は少々過激な表現のような気もするが、それによると文に書かれたもの、つまり今の例で言えばレシピであり、密教の法の継承で言えばその教義や拝み方などを記した文は、残りかすであり、がれきに過ぎないものだという。

たとえそれが奥義を記したもので、恵果阿闍梨から空海へ、あるいは空海から最澄に手渡されたとしてもそれだけでは不十分なのだ。

師資相承に関しては書の奥義も同様で、空海はそれについて何かの書物を見たとか言うのではなく、それについて直接、手ほどきを受け、耳にしている。

大事なのは、師匠のワンポイントアドバイスであり、次いでそれを再現するための弟子の入念なる修行。そのどちらが欠けても舌の記憶に応えるもの、力を発揮するものにはならない。

ちなみに『大日経』に書かれていることの中には、こういった師資それぞれについての大事についても触れた部分もある。

しかし、『大日経』というのは、一般の人の目に触れることはない。大日経の中でも序章部分は公開が許されているが、その大半は秘伝ということになっているためだ。その内容の相承に関しては〝講伝《こうでん》〟というこれまた特殊な伝え方をするので、真言密教の僧侶でも『大日経』について相承したものは一部に限られている。そういったことも密教が難しいものであるとされる一因なのかもしれない。

如法とは何か

ほかに雑密と比べた純密の特徴には、系統立って、三密修行などが説かれるということがある。

それでは純密を得ることが出来た以上、入唐前の雑密は、系統だっていない、純密の単なる異端に過ぎなくなるのだろうか。では雑密はまったく意味をなさないのかというとそうではない。そのことについてこんな話がある。

あるところにおばあさんがいて、それこそ形式などなっていないが、その代わり一心不乱に念を込めて、真言を唱えて祈願しては人々の願いを叶えていた。ある日たまたま通りかかった僧侶が、「おばあさん、その真言は少し間違っていますよ。」と教えてあげたところ、それ以来、そのおばあさんの祈願の効験が無くなってしまったというのだ。

正確にすることに気がそがれてしまい、一心に祈願出来なくなってしまったためという話だ。

〝如法《にょほう》〟という言葉がある。これは字が示すように、法の如く修法することである。雑密と異なり、純密では法体系、修行体系、法の相承と様々なことが、きちんと整備されている。修法するにしても伝えられた形式に則ってこれを行う。

しかし、手順道理やりさえすれば良いのかというとそうではないように思う。それだけではなく、そこに念を込め、宇宙のリズム、仏さまのリズムと合わせたものがなければ、絵に描いた餅になりかねない。

空海の密教を考える時、特に入唐前、山野自然の中に在ってガムシャラに修行三昧、瞑想三昧にあった時のこと、雑密修行時代を軽視してはいけないと思う。そこで空海は宇宙との調和をはかり、そこから得た力を祈願に込めていったのだ。

後に空海が高野山の下賜を求めた際にも、仏道修行に関して、これを議論する者はいるが、実際に修禅、修行しようとする者が少なく、その姿勢が足りないと嘆く文が見られる。

『性霊集巻第九』によると

わたくし空海が恐れながら思いますに、我が国の歴代の天皇陛下は、仏法を信奉なさって来られ、荘厳な寺の伽藍は至る所に並び立ち、仏教、仏典

について議論研究する高僧方は寺ごとにたくさんおられますし、仏法の興隆は十分なったと言えましょう。ただ、残念なことに、高山の森の中や深山の巌壁などで修禅する修行者が少ないのです。これは密教修行としての瞑想が未だ充分伝わっておらず、またそれに相応しい場所がないからなのでございます。

とある。空海自身、若き日々にそうであったように都からはなれ、自然の中で三密行の三昧に心を遊ばしめることを好み、帰朝してからも京の都から高野山へ度々訪れ、入定前の二年程はほとんど高野山で過ごしている。

都を離れ、自然の中で拝むとはどういうことなのか。都の喧噪の中、あるいは堂宇の中で拝む時と比べ、自然の中で拝む時、自分が自然の中の一部であり、自然、宇宙とリズムを合わせ、力強く拝むことが意識される。

また、高野山がそうであるように、自然の中、それも特定の条件を満たす程にその地は修禅に適し、神仏が集まり、光集まる所となる。そこで磨かれた呪術力によって衆生の現世利益にも応える。

呪術、あるいは現世利益という言葉からは、禍々しさであったり、俗っぽさを感じるかもしれない。しかし、現世利益とは空海の衆生救済の願いであり、今この身、この時の即身成仏である。そして呪術力とはそのための正に祈りの力そのものなのだ。

空海の真言密教というのは、いわゆる純密だけで成り立っているのではなく、雑密修行時の衆生、自然、宇宙との調和を図らんとする必死の祈りの力とともにあるものだと考えた方が良いのではないかと思う。

純密によって如法にするばかりでも、雑密で力任せに拝むだけでもダメ。空海の行というのは、その両方を兼ね備えたものといえるのではないだろうか。

もっとも雑密では還源の思いを満たすことは出来なかったため、それに応える教えを求めて唐に渡っており、それでは不十分なのはもちろんなのだが、そこで培われた念を込めて真摯に拝む、その拝み方が、純密の法に命を吹き込む気がする。

10

釈迦の苦悩と空海の苦悩

生涯を通じて苦しんでいた空海

仏道を志した空海には釈迦の生き様というものが、常に念頭にあったはずだが、当然のことながら、その出発点や弘法の段階に於いても違いがあり、全くそのままというわけにはいかない。

両者共に貴人として生まれ来た奇譚が伝えられているが、それが開花する時期や、開花してからの心の動きには大きな違いがあったように見受けられる。

出家を果たした時の釈迦は二九歳だが、空海が仏道を志したのは、なにがそうさせたのかわからないが、それよりずっと早い幼少期のようだ。

さらに三五歳の時に菩提樹下で覚りを開いて、その後、八〇歳の入滅までその法を教え伝えた釈尊は、その転法輪においてもう人生に四苦八苦することは無い。

それに対し空海は、唐で恵果阿闍梨から三二歳の時に密教を相承されて、さらに言うなら入唐前の求聞持法の修行で神秘体験を得た時から、日本で真言密教として弘法して六二歳で入定するまでの間でさえ、生涯を通じて自身の病や死、そして愛別離苦に苦しんでいる。

釈迦は生まれた直後に七歩歩いて、右手で天を、左手で地を指差して「天上天下唯我独尊《てんじょうてんげゆいがどくそん》」と言ったとされるのに対し、空海の聖人としての奇譚は、それより更に早く、生まれる以前に遡る。空海は、その親が見た、貴人が身中に入った夢で懐妊し、一二カ月の妊娠期間という貴人降誕の兆候をもって生まれて来ている。

出家の動機は、釈尊の場合、四門出遊の故事で伝えられている。即ちシャーキャヤ族の王子として裕福に暮らす王城の東西南北の四つの門から出掛けた際、それぞれの門を出た時に、老人、病人、死人を目の当たりにして、王族も一般庶民も関係なく直面する人生の苦しみを思い、次いで見た出家修行者の姿を出家の動機として、自身が第一子を授かったことをきっかけとして、出家を果たしたというものだ。このとき釈尊二九歳である。

それに対して空海が俗世の生活を捨て、出家して仏道修行に専念し始めたのは一〇代後半のことである。しかも一五歳以前の幼少期に、既に一度仏道を志さんとしている。しかし、この時は伯父の阿刀大足の言葉に従って、仏道修行を思いとどまり、俗世間の学問を学ぶことにしている。『御遺告第一条』によると

伯父さんの阿刀大足は、仏弟子になるよりも、大学を出て文書を習って立身したほうが良いのだと言う。この言葉に従って俗世間の教えや、文章を学んだ。そして、一五歳で入京して……幅広く学んだが、専ら仏典を好んだ。

とある。更にはそれよりもっと小さい頃、他の子どもたちが竹馬や闘鶏をしたりして子供どうし遊んでいるのに、空海は一人で仏像を作って、それを拝んで遊んでいたと言う。そこには、出家こそしていないが、そんな幼少期からの修行者としての仏道帰依を感じさせられる。

その一方で、幼くして思い詰めたようなそんな姿からは厭世的なものさえ感じてしまうが、一体何があったというのだろう。

空海が〝発心《ほっしん》〟つまり仏道に傾倒することになった時期や契機については残念ながら未だわからずじまいである。

釈迦と空海の四苦八苦

釈尊、空海が仏道を興し、そこに帰依していく原因でもある人生の根本的な苦としての「四苦八苦《しくはっく》」の観点から両者の苦悩を少し考えてみたい。

生・老・病・死の四苦に加え、八苦の「五蘊盛苦《ごうんじょうく》」（人間の肉体と精神が思うままにならないこと）、「求不得苦《ぐふとくく》」（求めるものが得られないこと）、「怨憎会苦《おんぞうえく》」（恨み憎む者に会うこと）、「愛別離苦《あいべつりく》」（愛する者と別れること）に、釈迦と空海はどのように苦しんだのだろう。

生老病死の四苦は、釈迦とてこれを免れることは出来ない。覚りを得る前の釈迦は、その苦があればこそ出家修行の道に入ったとも言えるが、菩提樹下の瞑想で降魔成道した釈尊からは四苦八苦に苦しんだ様子は無いように思われる。それに対して空海はどうであったか。

生老病死の四苦は、空海もどうすることも出来なかった。しかし、その中でも生老は同じように両者を苦しめているが、特に病と死について空海は度々これに苦しめられている。空海は、八三一（天長八）年、入定の四年程前の五八歳の時に病にかかって大僧都の職を解いて欲しいと上表しているが、この時は、死をも意識するほど悪い状態であったようだ。『性霊集巻第九』によると

先月末にできた悪質なできものは、未だ快方に向かいません。死期が近づいてきたのでしょうか、死後の世界が感じられて来ました。

とある。その後、入定するまでの活動としては、翌年五九歳の時に万燈会を行い、六二歳入定直前には後七日御修法を行い、真言宗年分度者三人を上奏しているのが、主な動きであり、それ以外は特に目立つ動きが見られない。また、これらの活動はそれに関する奏上文をみると、自分がいなくなった後の真言密教のことを考えての動きのように思える。

また四三歳の時に高野山開創を手がけてからは、五〇歳で東寺を給預されたこともあり、京の都と高野山を度々行き来しているが、この五八歳の病のあたりからは、そのほとんどは高野山に留まって活動している所からすると、この時の病は最後まで空海を苦しめていたのかもしれない。

また、弱気になった真情を吐露しているのは、空海にしては珍しいことだ。

天皇陛下のお顔を恋い慕っては声を出して泣き、天子の恩徳をかえりみては（その恩に報いることが出来ないことを）甚だ苦痛に感じています。

とある。それほどまでに病に苦しみ、死を覚悟せざるを得ない状態であったことがうかがえる。その姿は、超然とした聖人君子のそれではなく、病に苦しみ、死に直面して恐怖している素顔の空海のものだ。

わたくし空海の臨終にあたって大僧都の職を解いて欲しいとお願い申し上げる一言が有ったからと言って、真言宗の教えをお棄てにならないで下さい。この世に生まれ来る度に、わたくし空海は仏法の立場から天皇を守る城となりましょう。病気のためにぼんやりとしているため意を尽くせませんが、どうぞわたくし空海の思いをお汲み取り下さい。

とある。しかし、絶望のさなかにあっても真言弘法のため足掻《あが》くことは忘れていない。

さて、八苦に関するものを見てみると、このうち、求不得苦、五蘊盛苦に関しては、空海は生来、物に対しての執着心が強くなかったせいもあってか、個人的な立場でこれらに悩まされたということは無かったように思われる。

しかし、綜芸種智院や東寺の塔建立という大欲に関するものについては、少しは悩みもあったようで、必要な資金が得られず勧募を依頼している。

怨憎会苦についても、「いうことなかれ人の短、説くことなかれ己の長」という座右の銘などで、自己を律していた部分もあるだろうが、ほとんどこれに悩まされた様子は無い。強いてそういった人物を挙げるとすれば、西寺《さいじ》（平安京の守護のため東寺とともに建てられた寺）の守敏だろうか。これとて雨乞いの祈願を通じて優位を得ており、いつまでも悩まされたわけではないので、怨憎会苦にもほとんど悩まされることは無かったと言って良いかもしれない。

四苦八苦のうち、自身の病・死とともに、あるいはそれ以上に空海が悩み苦しんだのは「愛別離苦」ではないだろうか。

さて、空海が悩み苦しめられた「愛別離苦」は誰に対してのものだろうか。私が感じるのは、弟子であり、甥でもあった智泉《ちせん》の死に際してのものだ。

空海最大の苦～智泉の死

智泉が生きたのは、七八九（延暦八）年～八二五（天長二）年で、空海の一番初めの弟子であり、十大弟子の一人でもある。母は空海の姉で、智泉は甥にあたることになる。七九七（延暦一六）年、智泉は九歳の時に空海に連れられて故郷の讃岐を旅立ったといわれているが、この年の一二月には『三教指帰』が成立している。

改めていうまでもなく、これは親族に対して空海が出家の意志を表すために書いたものとされ、一〇代後半で大学を辞めて三一歳で入唐するまでの、仏道修行に専念していたと思われる期間、空海二四歳の時のものである。

空海はやはり、この一〇年程の間、ほとんど家に戻ることは無かったのではないだろうか。

唯一戻ったのは、書き記した『三教指帰』を直接、家に持ち帰った時で、その際に智泉を連れて再び讃岐の地を旅立ったのではないかと思う。智泉の出郷には空海の思いもあるだろうが、智泉自身の意志も強くあったように思われる。
空海の出家には伯父の阿刀大足などの強い反対があったのに比べ、この時まだ幼さの抜けきらぬ智泉の出郷をその両親などが許したことを見ると、『三教指帰』まで作って、自分の出家に対する思いを伝えようとした空海の出家についても、親族の中で既に認める空気になっていたのかもしれない。

智泉とは空海にとってどういう存在であったのか。そしてその愛別離苦とはいかなるものであったのかを、空海の言葉で見てみたい。『性霊集巻第八』によると

思い返すと、亡くなってしまった、わたくし空海の弟子であり、密教を相承した智泉は、俗世間的にはわたくし空海を伯父さんとよび、出家してからは一番初めの弟子となった。二四年に渡り、孝行のこころをもってわたくし空海に仕えてくれた。真言の教えを慎み敬って、金剛胎蔵両部をあますところなく受け継いだ。言葉を慎み、一言半句なりとも、理にかなわないことを言ったことはなかった。それは嗣宗《しそう》が人の過失を論じなかったというのに匹敵するものだ。怒ってもその怒気を表に出さないのは顔回（が

んかい・孔子門下で最も孔子に愛された弟子）のようだった。修行のときも、家に一緒にいるときも、王宮に伺候するときも、修行で山中に行くときもいつでも影のように付き従って離れることはなかった。私の手足となって働く腹心のようであった。わたくし空海が飢えるときは智泉も飢え、楽しめば共に楽しんだ。それは孔子の門下の篤実にして愚直であった顔回のようであり、釈尊の弟子の阿難尊者（あなんそんじゃ）のようだった。この智泉には、百歳の長寿を保って、わたくし空海が亡くなった後も真言密教を弘めて、密教の三密の教えで、煩悩の長い眠りに迷っている人々を救って欲しいと願っていたのに。

とある。空海にとって智泉は、単なる甥っ子、一番最初の弟子という、単なる血のつながりや、順序ではかることの出来ない、それを超えた本当の意味での一番弟子であったことがうかがえる。

血のつながりがあるからそうであったのではないというのは、同じ血族と言っても『三教指帰』の序で出てきた表甥には、心がねじれていると非難しているし、一番最初の弟子だから師僧である自分のことや真言密教についてよくわかっているわけではないというのは、空海自身が、恵果阿闍梨の弟子としては、千人以上いる弟子の中でも最後尾にあたるにもかかわらず、その法燈の全てを託されたことからも身をもって感じていたことだろう。

この智泉は、空海自身だけでなく、その父母に対しても孝心を持ち、「孝順の士」とも称されていたという。慎み深い言動の性情もあって、対外的にも空海の代理として目されていたようで、最澄も二二歳も年下にあたる智泉のことを「法兄」と呼んでいる。

また、空海の行く所、修行の地であれ、どこであれ影のように付き従い、喜怒哀楽をともにするほど、心身ともに影のような存在であったようだ。文中「王宮」という言葉を使っているのは、確かに入唐の際でさえ随行していたことを彷彿させられる。


空海は、その智泉に金剛胎蔵両部の教えを余すところなく伝え、一〇〇歳までも生きて、真言密教で人々の救済にあたって欲しいといっているのだから、恵果阿闍梨が自分にその法燈相承を託したように、恵果阿闍梨から受け継いだ教えの正統な相承者として智泉を目していたことは明らかだろう。

それほど将来、自分のいなくなった後のことについて、嘱望していた智泉が三七歳の若さで早世してしまったのだ。この時空海は五二歳。智泉さえいれば自分がいなくなった後も心配いらないという思いが、音を立てて崩れていったことがその何とも言えない深い悲しみようから伝わって来る。『性霊集巻第八』によると

先立って死んだ弟子の顔回のために孔子が車を用意したように、智泉のために棺等を用意して、孔子が顔回を失って慟哭したのと同じ悲しみを感じることになろうとは思いもしなかった。

哀なるかな、哀なるかな、哀なる中の哀れなり。

悲しいかな、悲しいかな、悲が中の悲なり。

この世の事物一切は仮の存在で、人生の憂いや楽しみは夢幻の如くであるというが、悟って尚、智泉との別れに際してわたくし空海は不覚の涙を止めることが出来ない。智泉を喪ってしまったのは、修行の大海を半ばまで渡った時に一本の櫂が折れ、六道の大空を未だ渡りきらないのに、片羽がくじけたようなものだ。

哀なるかな、哀なるかな、また哀なるかな、

悲しいかな、悲しいかな。重ねて悲しいかな。

空海が真情を吐露した記述はその著作にほとんど見ることが出来ないが、これはその数少ないもののひとつで、またこれほどまでに押さえきれず溢れ出る激情は、数ある著述の中でも、この時のものが最も強く感じられる。

ややもすれば、空海ほどの人ならば、覚りも得て常に感情をコントロールし、喜怒哀楽を表に出すことは無く、あるいはその感情さえも消し去っていると思っている人があるかもしれない。

しかし、実際はその反対で、この世の悲喜こもごもは、すべて迷いが生み出す夢幻に過ぎないとわかってなお、一番弟子であり、甥である智泉との別れには涙をこらえることが出来ない、というのが、素顔の空海なのだ。

衆生救済にかける空海と釈尊

釈迦の場合、四門出遊《しもんしゅつゆう》において、四つめの門である北門から出た時に出家修行者に出会い、それが出家の動機になったという。だが、そこで見たものが四苦八苦といった世俗の苦や汚れにとらわれていない、その沙門の姿であるなら、その時釈迦が出家修行者の中に見て、自身がまず目指したものはあくまで個人としての人格の完成ということになるのだろうか。

そもそも、釈迦の生まれた直後の「天上天下唯我独尊」の奇譚についても、その姿は、悩み苦しみ無く、自己顕示欲の強いものに思われ、私自身はそういった姿には何か遠いものを感じてしまう。

上求菩提下化衆生《じょうぐぼだいげけしゅじょう》といい、真理を得て自己の完成を目指し、同時に衆生に対する慈悲行を行うことについて、釈迦と空海のそのスタートした時の思いを見比べてみると、そこに大きな違いがあるように感じられる。

釈迦がはじめに持っていたのはあくまで個人的な思い。それは菩提樹下で降魔成道したのち、ひとりその法悦にひたり、他の者への弘法をあきらめていたのを、梵天の三たびの勧請でようやく座を立ち、説法に向かったと言うことがあらわしている。

一方の空海は、そういった過程を経た釈迦に倣ったのではなく、悟ることと同時に、衆生のために行脚する釈尊としての姿に憧憬、尊敬の念を持ち、倣わんとしたのだと思う。勧募依頼したり、写経依頼をしていることについても、空海個人のためという利己心からではなく、ひとえに真言密教の弘法のためという大義のため、ひいてはそれがみんなの福につながるという思いがあってのことである。私情だけから動いていれば、求不得苦、五蘊盛苦を感じることも無かったのではないかと思う。

さきに病・死に悩み苦しむ空海の姿も少し見たが、それは単に空海個人の感情から出て来たものではなく、自身の死によって日本の地で新たに灯ったばかりの真言密教の法燈が途絶えてしまうことに対する懸念も大いにあったのではないかと思う。

八一二（弘仁三）年九月乙訓寺《おとくにでら》を訪ねた最澄との初対面を果たした時、「期命尽くべし」と空海が語ったのは、死を予見する程に体の状態が悪かったのだろう。そして密教の全てを最澄に託そうとしているのは、密教が衆生の救済に必ずや役立つ教えであるとの信念から、その時点で唯一密教を知る者が最澄であり、弟子はまだその域に達した者がいないと感じたためだろう。とにかく密教の法燈を絶やさぬことが空海にとっての大命題だったのだ。

それだけ密教の法燈継承、そして密教による衆生救済を願っていた空海にとって、その法燈の継承者として頼みにしていた智泉の早すぎる死というのはあまりにも大きな悲しみであったのだろう。智泉さえ在世であれば、空海は入定を考えなかったかもしれない。

思いの始まりが自身の満足でなく、衆生の幸せだったため、悟ってなお、迷いの中にある衆生を思って心やすらかなることはなく、生涯を通じて悩み苦しんだのだろう。

その果てには、自分の思いそのままに後を継いでくれるはずの智泉を喪ったため、その悲しみをも呑み込んで自分自身が衆生救済にあたり続けることを決意し、それも自分の生涯で出会った人だけでなく、後の世も皆の力になりたいと空海は願っていたからこそ、入定という形を選んだのだ。その思いの強さによって、こんにちの我々は〝同行二人〟を実感出来るのだろう。

空海の安心《あんじん》

真言宗の開祖として、あるいは万能の天才として、完成された人物像で語られる偉人としての空海は、釈尊同様あまりに偉大すぎて何処に倣えば良いのかわからなくなってしまう。

空海の姿勢というのは、覚りを得て、その覚りについて説いたり、あるいはそこに至る道筋について覚りの高みから語ろうというものでは無いように思う。

智泉を失った時の姿からわかるように、悟ってもなお、悲しみは悲しみであるし、苦しみは苦しみとして感じる空海がそこにいる。

悟ったからと言って喜怒哀楽を感じなくなるものでもなく、押さえ込む必要もないものだと、私達に身を以て教えてくれているように感じる。

覚りとして即身成仏を目指しながら、常に衆生の目線を離れること無く、その救いにあたる空海には人間的に惹かれるものを感じることが出来るし、その姿こそが真言行者のあるべき姿なのだと改めて感じさせられた。


空海の真言密教に於いて、即身成仏はその大きな柱だが、それだけを目指すものではなく、それと同時に、あるいはそれを果たすことによって衆生を救いたいという思いが、常に一対としてあることを見逃してはならないと思う。

結局、空海の成したことは菩薩行だったのだ。

真言密教で常に唱えるお経に、理趣経《りしゅきょう》がある。そのエッセンスとも言うべき〝百字偈《ひゃくじのげ》〟は、菩薩の行について説かれている。

如来の衆生救済の働きをしている菩薩というものは、勝れた智慧をお持ちになっていて　生死が尽き果てるまで　如来として涅槃に赴くことをせずつねに衆生の利益になることをなされている……

菩薩勝慧者《ホサショウケイシャ》　乃至盡生死《ダイシシンセイシ》　恒作衆生利《コウサクシュウセイリ》　而不趣涅槃《ジフシュデッパン》
般若及方便《フンジャキュウホウベン》　智度悉加持《チドシッカチ》　諸法及諸有《ショホウキュウショユウ》　一切皆清浄《イッセイカイセイセイ》
欲等調世間《ヨクトウチョウセカン》　令得浄除故《レイトクセイチョコ》　有頂及悪趣《ユウテイキュウアクシュ》　調伏盡諸有《チョウフクシンショユウ》
如蓮體本染《ジョレンテイホンゼン》　不為垢所染《フイコウソウゼン》　諸慾性亦然《ショヨクセイエキゼン》　不染利群生《フゼンリキンセイ》
大欲得清浄《タイヨクトクセイセイ》　大安楽富饒《タイアンラクフウジョウ》　三界得自在《サンカイトクシサイ》　能作堅固利《ノウサケンコリ》

これの「菩薩」を「空海」に置き換えて、先に見た万燈万華法会での
虚空尽き　衆生尽き　涅槃尽きなば　我が願いも尽きなん
という空海の願いと共に今一度よむと

釈迦如来の衆生救済の働きに、幼き頃から尊崇の念を持っており、それに倣おうとしている空海は、菩薩のように勝れた智慧をお持ちになっていて、この宇宙が無くなり、一切衆生が存在せず、覚りの境地さえ無くなり、仏がいなくてもいいような状態になって、ありとあらゆるものを済い尽くすという誓願が達せられるまで、常に衆生の利益を願い、行動されている

……

さらには、五六億七千万年後には、弥勒菩薩とともに再び姿を現されて、衆生済度にあたられるという。『平家物語』によると

空海がご入定《にゅうじょう》（入滅ではなく、永遠の禅定にあること）されたのは承和二（八三五）年三月二十一日、（寅の刻の）午前四時頃のことなので、それから（この平家物語が書かれた時まで）経過すること三〇〇年余りたった。さらに気が遠くなる程の長さの五十六億七千万年の後に弥勒菩薩が現れて（釈迦が菩提樹下《ぼだいじゅか》で悟られて衆生に説法されたように）衆生に対して龍華樹下《りゅうげじゅか》で三度説法されるというが、空海はその時に一緒に来られて衆生

済度にあたって下さるという。

とある。

今に生きる〝同行二人〟の信仰というのはみんなの苦しみ、悲しみ、喜びに寄り添って、ともに歩いていかんとする空海の真心から生まれたものなのだと今改めて思う。

嘗試地蔵《あじみじぞう》　弘法大師空海に届けられる毎日の食事は、まずこのお地蔵様に味見していただく。

生身供《しょうじんく》　御供所で作られた食事は、6:00と10:30の日に2回、御廟の空海のもとに運ばれる。

終章

真言宗では「南無大師遍照金剛《なむたいしへんしょうこんごう》」という。〝遍照金剛〟とは大日如来のことであり、恵果阿闍梨から密教の法燈を相承するにあたり、その通過儀礼の〝灌頂〟のなかのひとコマの〝投華得仏〟において、数多くの曼荼羅諸尊のなか、その中央の大日如来と結縁したのに驚いた恵果阿闍梨から授かった空海の呼び名である。

日本に帰朝してからのお大師さまの書状など見て、自らを「釈遍照《しゃくへんしょう》」「沙門遍照《しゃもんへんしょう》」さらには「遍照金剛」とまで称しているのは、正統な密教の法燈継承者としての矜持だろう。しかし、（大日）如来としてのプライドを持ちながらも、釈迦如来の慈悲行を象徴する普賢菩薩の行願でもみられる菩薩行に邁進した生涯だった。

真言宗関連の書物を読めば、空海は神であり天才というものばかりだが、生身の人間空海に迫る本は、少ない。世間一般で、お大師さまは、真言密教という新しい教えを日本で作り上げたばかりでなく、語学に堪能で、詩文の才は本場中国の人を驚嘆させ、書は三筆に挙げられる程の能筆。学校を創設し、土木工事の技量も持ち合わせるなど、様々な分野で超一流の才を見せ、万能の天才として語られる。果てには「南無大師遍照金剛」とカミ・ホトケとして皆から拝まれる存在となっている。

一般の人にとってはそれでも良いかもしれないが、お大師さまの弟子としてその教えを引き継ぎ、弘めることが求められる者としては、お大師さまを上座に奉って、一般の人と一緒になってその恩徳に、おんぶにだっこしているだけの状況にしてはならないのではないか。

そんな思いがあって、私としては、超人として語られる弘法大師空海ではなく、そこに至るまで悪戦苦闘する姿や、こころの葛藤に興味を抱いてきた。

これといった挫折も無く、喜怒哀楽を表に出すことの無い、超然とした聖人君子のイメージがお大師さまにはあるようだが、実際には私達と同じように、その生涯に四苦八苦していて、時としてその感情をあらわにすることさえ憚らぬ空海がそこにいた。特に仏道修行に専念するに当って箴言を浴びせる伯父の阿刀大足に対する怒りや、最愛の弟子智泉が早世してしまった時にみせた、押さえきれぬ深い悲しみには、世間一般のイメージの裏にある素顔の空海を感じることができる。

また、偉人というと、苦難に遭遇しながらも基本的に個人の力で、道なき道を切り開いていくイメージもあり、空海関連の書籍を見てみても貴人の奇譚を持って生まれ、神童として育ち、さらに一念発起して唐に渡って密教を授かって、日本に真言密教として弘めた人であり、その傍らでは、書道など他の多くの分野で輝かしい業績を残した天才として描かれたものばかりだった。

しかし、空海とて誰の力も借りず、たった一人で数多くのことを成し遂げていったのではない。若き日の空海は、奈良の大寺で経典論書を学ぶ傍らで、唐に関する情報を蓄え、道鏡や行基といった少し前の時代を生きた人の行動を話に聞いて、後の行動規範の糧とし、仏道修行にあたっては釈尊の影を慕っている。入唐にあたっては鑑真や玄奘三蔵の苦難の求法、弘法の思いに刺激を受け、唐では密教を授けてくれた恵果阿闍梨のほかにも、書の先生や、もう一人の師僧ともいうべき般若三蔵から教えを受けている。

日本に帰ってからも、真言密教の弘法には天皇の庇護を受ける傍らで、嵯峨天皇とは書を通じての文化人としての交わりを持ち、遣唐使としてともに苦難の旅を経験した橘逸勢や藤原葛野麻呂とは、生涯を通じての交流が見られる。

その他にも、南都の僧など様々な人との交流を持ちながら、それも糧として成長していった、ひとりの人間なのだ。

ただ、その仏道にかける想いの強さや、多才な才能、またそれを十二分に発揮するための精進の力が並外れていたのは確かなのだが。

そもそもお大師さまの求道心とは何だったのか。お大師さまは一番何がしたかったのだろうか。

幼き日からお釈迦様の慈悲行に心酔して、仏道に邁進したお大師さまではあったが、そこに違いがあるとすれば、お釈迦様はまず真理を求めんとして修行をはじめ、一方のお大師さまはその求道の始まりからして、衆生救済、生きとし生けるものの利益のためということを願っていたように感じられる。

死の足音を近くに聞きながら八三二（天長九）年の万灯会の願文に「虚空尽き　衆生尽き　涅槃尽きなば　我が願いも尽きん」と謳ったのは、慈悲行を行う釈尊を思慕し、そのはじまりから生涯を通じて願っていた衆生済度の究極のかたちであり、真言宗の開祖としての顔から出た言葉であろう。

真言密教において、〝即身成仏〟はその最も大きな柱である。そこには、単に字面にあらわれた「仏に成る」ということだけでなく、唐で密教に出会う前から空海が求め続けた、還源の思いを満たすものと釈尊の慈悲行に倣い衆生救済にあたりたいという、上求菩提下化衆生の両方が込められている。

即身成仏という上求菩提によって還源の思いを満たし、それが「即身」に求めることで、「今」、すぐに衆生救済という下化衆生に資することとなる。

さらに空海のその衆生救済の菩薩行の思いが〝同行二人〟というかたちで、今もなお実践されている。

「南無大師遍照金剛」と唱えられ、皆が救いを求めて来るたびに、その声に応えようとお大師さまはあつく燃えて、皆の手を取り前へともに進んでいかれているようだ。

私は「南無大師遍照金剛」と唱える時、ほかの仏様を唱える時もそうだが、「南無」に「ありがとうございます」と言う意味を込めている。「南無大師遍照金剛」と唱えるときは「お大師さま　いつもありがとうございます。」といった感じだ。

「真言行者」という言葉がある。これは真言宗の僧侶の呼び方のひとつで、真言宗の行をする者といった意味合いになる。ただ、私としては行者というのを、ただ単に行をする人としてではなく、前に向かって進む者、前に行かんとする者として捉えている。これはそのまま三昧耶戒にも直接つながる姿勢であると思う。

また、〝虚往実帰〟という言葉をお大師さまは残している。これは「行く時は虚しい心であったのが、帰る時にはその虚しさが満たされている」と言うことで、恵果阿闍梨や玄奘三蔵の徳を表した言葉だ。これはそのままお大師さまが理想郷とされた密厳仏国へとつながる。

私自身、真言行者として、密厳仏国の顕現を目指し、このお大師さまの思いを常に胸に秘めて、忘れることなく、前へ歩んで行きたい。

あとがき

生まれて初めて、本を上梓することになった。

何とも言えない達成感と開放感、本が完成した歓喜に恍惚とする反面、真言行者の私が宗祖、空海、お大師さまに、私の真意とは逆に不敬と誤解され、お怒りを買うのではないか……、と侃々諤々、戦々恐々とおののく自分が心の中に交錯し、正直戸惑いを覚える。

まず、本文中で弘法大師空海の呼び方を一貫して「空海」としてきた。普段、「お大師さま」「弘法大師空海」で呼び慣れているので、この点に関して常に忸怩たる思いに後ろ髪を引かれながら、この本の原稿に向かってきた。

しかし、「お大師さま」と呼んでしまうと、それだけで書き手である私にも、読み手である皆さんにも、偉人として、あるいはカミ・ホトケとしての人物像を思い描かせてしまう。それではこれまでと同じことになるので、あえて「空海」と呼ばせてもらった。筆を置くにあたり、まずはその呼び方をしなくてもよいので、ほっとしている。

この本の中では、私なりのかなり勝手な推論が何カ所も書かれている。数多くの資料をあたっておられる方や、大師信者の方からは首肯し難い部分も多分にあるかもしれない。そういった向きは一笑に付して頂ければ幸甚である。

真言密教では二大秘法として〝求聞持法〟と〝焼八千枚護摩行〟が挙げられるが、五百年以上続く行者の家系に生まれ、その一九世として自身、小さい頃から衣に身を包み、山林でまた堂宇において半世紀近くの行歴を重ねて来ている〝真言行者〟としての私の目で、お大師さまの行動を考え、その著作の行間を感じながら読んで感じたお大師さま像である。

実は、この本の上梓をひと月後に控えた最後の追い込み時期に、焼壱萬枚護摩行を修した。信者さんたちと一緒に霧島にある別院の木を切り出し、壱萬本以上の護摩木を削り、三週前から精進潔斎して加行《けぎょう》に入り、断食、断水とすすめ、十万遍の散念誦を観誦して、壱萬枚焼供の結願の座に至った。

四千枚を超えたあたりだろうか、急に激しい身体の痛みと脱力感に同時に襲われた。気がつけば、それまで炎に対峙して滝のように流れていた汗が、一滴も出なくなっていた。護摩木の焼供を続けるどころではなく、身体を支え、正気を保っているのがやっとの状態だった。

そんな時、背後から声がした。道場の端で見守っていた父だった。

その昔、父がやはり焼八千枚護摩行で意識を失って倒れた時、私の祖母にあたる智観の「苦しかったらここで死ね、行場が行者の死に場所だ」と叫ぶ言葉で正気を取り戻したという。

私がそんな風に言われていたら、最後の意識の糸を切ってしまって楽になろうと考えたかもしれない。かけられたのはアマノジャクの私を奮い立たせるものだった。

焼壱萬枚護摩は焼八千枚護摩より、ただ単に二千枚多いというものではなく、加えて全く別のきつさがあるが、今回ここまでなってしまった大きな理由は、この本の執筆だ。

毎日の護摩祈願や供養、お加持などをしながら連夜明け方まで、お大師さま関連の本や古典、そして原稿に向き合ってきた。そのため半年以上にわたる睡眠不足でこの行にも望むことになってしまった。

自分のためだけ、自分のキャリアを上げるためといった考えでやっていたら、もういいやと倒れていただろう。少しでも気を緩めると、落ちていってしまいそうな状態にあって、ここで倒れてたまるかと思った最大の力は、父からかけられた言葉と同時に、一緒に行をしてくれていた二〇〇人を超える、信者さんたちや弟子たちの存在だ。

真言行者として、普段、皆さんのために拝んでいるつもりでいたが、今回の行では、逆にこちらも力を頂いているということを再認識させられた。

「今空海」「炎の行者」と呼ばれている父の日頃の行動は、素顔の空海像を考えていく上で、そのイメージを作り上げるのに一役買っている。空海もかくやと思われる、国内外を動き回るバイタリティーや大きな波を引き寄せる力、行にかける思いなどだ。

父や、やはり行者であった祖父母は、その加持力や弘法の方法論に対する考えは、私と比べ、それぞれ違っているように思う。周りはどう感じるか知らないが、私は先人と全く同じ道を歩むつもりも無かったので、変にプレッシャーを感じることもない。自分で言うのもなんだが、真言行者として、その見ている先とそこに懸ける想いは同じだと感じる時が多々ある。

私自身、ここ数年で父の開山した烏帽子山最福寺を引き継ぎ、晋山して貫主となり、また、何の法縁か高野山の塔頭寺院の智荘厳院というお寺の住職を拝命した。

さらには高野山で十年に一度だけ開莚される最高厳儀の学修灌頂に入壇させて頂き、高野山伝燈大阿闍梨と呼ばれることとなった。


これらの立場の変化と同時に、先の学修灌頂において、その通過儀礼のひとつ〝大師拝見の大事〟ということを体験できたことが自分にとっては大きな意味を持つ。

聖地高野山には、特に重要な二つの場所がある。ひとつはお大師様が入定されている奥之院、もうひとつが伽藍の御影堂である。その御影堂の中の一番奥まったところ、高野山内の寺の僧侶でさえ普段は決して目にすることさえ叶わぬところにお大師様のお姿が描かれた〝御影〟がある。これはお大師様のお姿を、お弟子のひとりである真如法親王が描かれ、お大師様自らが開眼されたと言われるものである。

〝大師拝見の大事〟ではこの御影が祀られた祠の開かずの扉がこの時だけ開けられ、灌頂の受者はそのお大師様に相対し、以心灌頂を受けることができるのだ。これは一生に一度、この時限りで、真言僧侶でもほんの一部にのみ与えられた勝縁なのだ。時空を超えてお大師様にお逢いしてそのエネルギーを感じ、上求菩提・下化衆生の修行に弘法にと向かう想いをさらに強くした体験であった。

お大師さまも、皆のために法を求め、皆を救わんとしたが、いまなお「南無大師遍照金剛」といって、みんなが頼りにすることは逆に燃える力となっているはずだ。自分なりにお大師さまの行動を読み解きながら、そんなことが感じられたこの本の執筆だった。

最後に、出版の声をかけて下さり、お大師さまと改めて向き合う時間を作って下さったKKロングセラーズさんには心から感謝いたします。ありがとうございました。

合掌

青葉もゆる江の島からの空と海を眺めつつ

池口豪泉

本文写真
『聾瞽指帰』高野山金剛峯寺
『風信帖』京都東寺

人間弘法大師空海

著　者　池口豪泉
発行者　真船壮介
発行所　KK ロングセラーズ
東京都新宿区高田馬場 4-4-18　〒 169-0075
電話（03）5937-6803（代）　振替 00120-7-145737
http://www.kklong.co.jp

印刷・製本　㈱フクイン

落丁・乱丁はお取り替えいたします。
ISBN978-4-8454-2538-9　C0015
Printed in Japan 2024

本書は 2015 年 6 月に弊社で出版した書籍を改題改訂して新たに出版したものです。